Evolution der Demokratie

,meiner geduldigen Suse'

Lothar Quilitz

Evolution der Demokratie

Eine Alternative für Deutschland

Bibliografische Information der Deutschen Nationalbibliothek:
Die Deutsche Nationalbibliothek verzeichnet diese Publikation in der
Deutschen Nationalbibliografie; detaillierte bibliografische Daten sind im
Internet über
< http://dnb.d-nb.de > abrufbar.

© 2008 Lothar Quilitz
Redaktion, Satz, Umschlaggestaltung, Herstellung und Verlag:
Books on Demand GmbH, Norderstedt
ISBN: 978-3-8334-7439-2

Inhalt

Von der Familie zum Stamm

Geld als Kapital anzuhäufen, um davon zu leben – das ging früher nicht. Es gab weder Geld noch Vorräte, die man kaufen konnte. Seit jeher müssen Menschen ihren Fortbestand dadurch sichern, dass sie sich der Evolution – die ja eine fortschreitende Entwicklung ist – anpassen. Als soziale Wesen können wir Menschen nur überleben, indem solidarische Gemeinschaften gebildet werden. So entstand die Familie. Diese Familie stellte eine sehr stabile Solidargemeinschaft aus Großeltern, Eltern und Kindern dar, die allesamt ein sehr stark ausgeprägtes Zusammengehörigkeitsgefühl besaßen. Weil kaum Vorräte gehortet werden konnten, war es wichtig, dass die Familie viele Kinder hatte; denn mit mehreren jungen Menschen war es leichter, Nahrung zu beschaffen und sich zu behaupten. In diesem Fall bedeutete der Begriff „Kinderreichtum" wirklich Reichtum. Die Kranken und Alten wurden von der ganzen Familie versorgt, sodass diese keine größere Not litten als die übrige Familie. In dieser Solidargemeinschaft wurde der Nachwuchs beschützt und aufgezogen, dem in der Folge alle Kenntnisse und Fertigkeiten der Familie vermittelt wurden; dadurch konnten die Kinder die Zukunft der ganzen Familie sichern. Jeder hat entsprechend seinen Fähigkeiten zunächst zum Bestand der Familie beigetragen.

Bald reichte der Schutz, den die Familie bot, nicht mehr aus, was zur Bildung von Sippen führte. Vereinfacht kann man die Sippe, die ein Familienverband – besonders aus Blutsverwandten – war, als Anfang einer Staatenbildung ansehen. Das ausgeprägte Gruppenbewusstsein der Familien führte auch in diesen Sippen zu einem solidarischen Zusammenhalt. Um diesen allerdings in einer größeren Gemeinschaft zu bewahren, müssen unterschiedliche Interessen ausgeglichen werden. Es bedurfte also einer von allen Mitgliedern der Gemeinschaft anerkannten Autorität, damit Konflikte friedlich geregelt werden konnten.

Man erreichte dies, indem von den Sippenältesten ein Ältestenrat gebildet wurde, der wiederum für jeden in der Sippe die Rechte und Pflichten festlegte und die Einhaltung überwachte. So war es möglich, dass alle Familien auch für die Stärkung der Sippe arbeiteten.

Als sich dann mehrere Sippen – mit sprachlichen Gemeinsamkeiten und geografischer Nähe – zu Stämmen zusammenschlossen, bildeten sich Stammesfürsten heraus. Im Gegensatz zum Ältestenrat, der gemeinsam Beschlüsse fasste, entschieden diese Fürsten überwiegend allein – wahrscheinlich liegt hierin der Anfang der absolutistischen Fürstenherrschaft.

Diese Fürsten übernahmen nicht nur die ordnenden Aufgaben der Sippenältesten; sie waren nicht nur ständig darauf bedacht, ihre Macht, sondern auch den persönlichen Reichtum als Dynastie zu vergrößern und zu vererben. Als bewährtes Mittel wurden Nachbarstämme überfallen und ausgeraubt oder von ihrem Land vertrieben – oder gar umgebracht. Wer das mit Erfolg tat, wird leider noch heute als „der Große" gerühmt. Wobei seine Tyrannei, die Unterdrückungen, Ausplünderungen und das Leid der Menschen sowie der tausendfache Tod, den sie brachten, nur sehr selten beschrieben werden. Die Macht der Fürsten und die von ihnen erlangten Privilegien werden noch heute mit allen Mitteln auch dadurch verteidigt, dass eine friedliche Evolution bekämpft wird.

Veränderung durch Revolution

Jedes Lebewesen wird zur Verteidigung gezwungen, wenn seine Selbsterhaltung infrage steht. So erging es den Bauern im 16. Jahrhundert, die den Grundherren – das waren adelige und geistliche Fürsten – mit Abgaben und Frondiensten zu Reichtum verhelfen mussten. Weil die weitere Erhöhung dieser Lasten für die Bauern unerträglich wurde, forderten sie, ihnen keine weiteren Lasten aufzubürden. Leider sollten ihre berechtigten Wünsche nicht erfüllt werden; stattdessen schlugen die Fürsten den darauf folgenden Aufstand der Bauern in den Bauernkriegen blutig nieder.

Erst in der Französischen Revolution – eine Revolution ist immer ein gewaltsamer Umsturz –, die wegen der Uneinsichtigkeit der absolutistischen Fürsten 1789 entstand, gelang es dem Volk, diese bis dahin unerträglichen Verhältnisse, die darin bestanden, dass der erste Stand (Adelige) und der zweite Stand (Geistliche) keine Steuern zahlten, zum Einsturz zu bringen. Der dritte Stand (Bauern und Bürger) musste alle Steuern aufbringen. Beim vierten Stand handelte es sich um besitz- und rechtlose Arbeiter, die ohnehin keine Steuern zahlen konnten. Die letzten beiden Stände waren aber nicht in der Ständeversammlung vertreten. Darum konnten alle Gesetze zulasten der Arbeiter, Bauern und Bürger gemacht werden.

Bei der Französischen Revolution ging es um die allgemeinen Verbesserungen der Lebensumstände im Lande. Die Stände – mit ihren jeweiligen Privilegien – wurden abgeschafft und alle Bürger gleichberechtigt. Dieser evolutionäre Schritt konnte von den Bürgern und Bauern mithilfe der Arbeiter herbeigeführt werden. Die Fürsten versuchten mit ihrer Macht und Waffengewalt, diesen Fortschritt zu verhindern; so konnte er nur mit einer blutigen Revolution erreicht werden.

Im übrigen Europa, das im Gegensatz zum zentralistischen Frankreich überwiegend aus kleinstaatlichen Fürstentümern bestand, gab es erst im Jahre 1848 Bestrebungen, größere politische Freiheiten und mehr Rechte für die Bürger zu erlangen. Allerdings wurden die Adelsvorrechte, anders als in Frankreich, in Deutschland nicht konsequent abgeschafft. Stattdessen versuchte man im Bürgertum der demokratischen Republik, diese Rechte und Privilegien zu übernehmen. Wie zum Beispiel vererbbare Titel, die nicht in eine Republik gehören. Das führt dazu, dass durch Adoption – gegen Bezahlung – Titel vererbt werden. In einigen deutschen Ländern waren zur Beruhigung des Volkes bereits eine Verfassung und ein Parlament gebildet worden; aber dort wurde der Wille der Fürsten – gegen das Volk – auch mit Waffengewalt durchgesetzt.

Um die Gesetze immer zugunsten der Besitzenden zu gestalten, führte die Obrigkeit in Deutschland das preußische Drei-Klassen-Wahlrecht von 1849 ein. Danach wurden die Urwähler nach den Steuerzahlungen zunächst in drei Klassen eingeteilt. Auf jede Klasse entfiel ein Drittel der Gesamtsumme der Steuerbeträge, und damit auch ein Drittel der Wahlmänner; diese Wahlmänner wählten dann die Abgeordneten. So konnte die reichere Bevölkerung mit einem Anteil von 4,7 Prozent die gleiche Anzahl Wahlmänner stellen wie die Armen der Klasse drei. Deren Bevölkerungsanteil betrug jedoch 82,7 Prozent.

Dieser gemilderte Absolutismus hatte in Deutschland bis zum Jahre 1918 Bestand. Erst eine Revolution, die das Deutsche Kaiserreich in eine demokratische Republik veränderte, beseitigte diesen Absolutismus. Es entstand die „Weimarer Republik", die von 1919 bis 1933 dauerte. Der erste Reichskanzler war der Sozialdemokrat Friedrich Ebert. Die Kommunisten (Spartakusbund) dagegen wollten eine „Diktatur des Arbeiterstandes" in Deutschland errichten. Vorbild sollte die russische Revolution sein, mit der die Bolschewiki unter Lenin blutig eine Diktatur errichtet hatten.

Nach der großen Weltwirtschaftskrise, die Deutschland von 1929 an besonders hart traf, scheiterte die Weimarer Republik, und Hitler konnte sich 1933 mit der NSDAP durchsetzen; die damals noch schwer erkennbare Hitler-Diktatur wurde von der Großindustrie, die wegen der herrschenden hohen Arbeitslosigkeit eine

Sozialrevolution befürchtete, gefördert. Diese Diktatur hat, wie frühere absolutistische Fürsten, einen unheilvollen Krieg provoziert. Wie auch in der Vorzeit sollten ganze Volksgruppen systematisch unterdrückt und ermordet werden.

Zwei deutsche Staaten

Nachdem die Hitler-Diktatur in dem Krieg, den sie angezettelt hatte, besiegt worden war, gründete man im östlichen Teil Deutschlands nach den kommunistischen Vorstellungen der Sowjetunion die „Deutsche Demokratische Republik" (DDR) mit einer sozialistischen Planwirtschaft. Der westliche Teil wurde die „Bundesrepublik Deutschland" (BRD). Letztere entstand nach den demokratischen Grundsätzen der westlichen Siegermächte mit einem kapitalistischen Wirtschaftssystem.

In der DDR erzwang das Volk viele Jahre später mit friedlichen Demonstrationen den Sturz des kommunistischen Staates und die Wiedervereinigung der beiden deutschen Teilstaaten zur „Bundesrepublik Deutschland"; die in der DDR herrschenden unerträglichen Einschränkungen der Freiheit und die mangelhafte Warenversorgung der Bevölkerung stellten den Antrieb dazu dar.

Die Geschichte zeigt, dass ein Volk selbst in einer Scheindemokratie mit vielen Spitzeln, wie die DDR sie verkörperte, die Macht hat, seine Lebensinteressen auch gegen die herrschenden Parteien und Regierungen durchzusetzen – wenn es nur mutig und ausdauernd genug ist! Denn die überwiegende Mehrheit eines Volkes will nicht blutige Kriege führen, sondern in Freiheit friedlich mit seinen Nachbarn leben und für die Kinder eine gesicherte Zukunft erreichen.

Diese Wiedervereinigung wurde offensichtlich nur nach den kapitalistischen Profitgrundsätzen durchgeführt, sodass unrentable Unternehmen nicht saniert, sondern zerstört wurden. Daraus ergab sich zwar ein Paradies für Glücksritter und Konzerne; jedoch ging es zulasten der Menschen, die mit den Arbeitsplätzen ihre Lebensgrundlage und das Selbstwertgefühl verloren. Durch die Vernichtung der Arbeitsplätze wurde den Menschen suggeriert, dass sie unfähig wären, ihren Lebensunterhalt selbst zu verdienen: Dabei hätten, genau wie bei der Landwirtschaft oder der Steinkohle, mit Unterstützung der Produktsubventionierung marktfähige Preise entstehen können. Zudem wäre die Selbstachtung der Menschen gefördert und die starke Abwanderung der jungen Leute vermieden worden.

Die Subventionskosten dürften dabei sicher nicht höher als jetzt ausgefallen sein. Im Gegenteil, die Sozialkassen wären weit weniger belastet worden und das Lohnniveau hätte nicht abgesenkt zu werden brauchen. Angesichts dieses unterschiedlichen Lohnniveaus bleibt die Zweiteilung des deutschen Volkes in „Ossis" und „Wessis" in den Köpfen weiterhin künstlich erhalten. Man nahm den Menschen in den neuen Bundesländern die Möglichkeit, in dem Bewusstsein ihrer Leistungsfähigkeit die Betriebe überwiegend aus eigener Kraft selbst zu modernisieren und rentabel zu gestalten; es hätte nur der Hilfe zur Selbsthilfe bedurft.

Die neuen Fürsten

Die Geschichte lehrt uns, dass es immer die jeweiligen Fürsten sind, die mit ihren Einflussmöglichkeiten und der ihnen zur Verfügung stehenden Macht eine friedliche Evolution des Staates bekämpfen. Weil sie ständig die eigene Machteinbuße und den Verlust ihrer Privilegien befürchten, werden auch blutige Revolutionen provoziert.

In den Bundesländern, Parteien, Verbänden und Wirtschaftsunternehmen haben sich neue Fürsten gebildet. Den heutigen Fürsten stehen weit gefährlichere Waffen als früher zur Verfügung: die Medien! Darüber wird dem Volk vielstimmig eingehämmert, dass nur die Entwicklung richtig sei, die die Macht und die Privilegien dieser neuen Fürsten stärkt. Mit dieser Medienmacht werden kritische Stimmen bekämpft und mundtot gemacht. Diejenigen, die das System durchschauen, glauben häufig, sie könnten in unserer demokratischen Republik nichts ändern. Aus diesem Grunde gehen sie leider nicht zur Wahl und geben damit Politikern die Möglichkeit, diese Wahlenthaltung zynisch als Zustimmung zu den realen Verhältnissen umzudeuten. Um das zu vermeiden, ist es klüger, zur Wahl zu gehen und einen ungültigen Wahlzettel abzugeben. Wer sich von keiner Partei richtig vertreten fühlt, sollte auch keine Zweitstimme abgeben und nur den Kandidaten wählen, dem er vertraut.

Auf Veranlassung der westlichen Besatzungsmächte wurde einst von den elf Ministerpräsidenten der Länder ein Parlamentarischer Rat als verfassunggebende Versammlung gebildet. Die Mitglieder wurden von den Landtagen gewählt. Am 23. Mai 1949 trat das Grundgesetz der Bundesrepublik Deutschland in Kraft. In der Präambel lauten die beiden letzten Sätze:

„Es hat auch für jene Deutschen gehandelt, denen mitzuwirken versagt war. Das gesamte Deutsche Volk bleibt aufgefordert, in freier Selbstbestimmung die Einheit und Freiheit Deutschlands zu vollenden."

Leider wurde mit der Wiedervereinigung keine neue Verfassung erarbeitet; stattdessen hat man das Grundgesetz seit seinem Bestehen bisher weit mehr als fünfzig Mal geändert.

Im Grundgesetz, Artikel 65, heißt es: *„Der Bundeskanzler bestimmt die Richtlinien der Politik und trägt dafür die Verantwortung."* Aber wie kann er das? Der Bundesrat vermag jede Gesetzesinitiative scheitern zu lassen. Dadurch haben wir nach deutscher Tradition wieder die Kleinstaaterei mit den Länderfürsten.

Wenn die Oppositionsparteien des Bundestages in den Länderparlamenten die Mehrheit haben und damit auch im Bundesrat, entstehen für die Bundesrepublik Deutschland besonders große Schwierigkeiten, was politisch wie wirtschaftlich bis zum absoluten Stillstand führen kann. Dadurch ist den Länderfürsten die Möglichkeit in die Hand gegeben worden, erforderliche Gesetze gegen ihren Willen nicht zu ratifizieren. Oder sie werden im Vermittlungsausschuss – meist aus parteistrategischen Gründen – so verstümmelt, dass die gewählte Bundesregierung darin nicht mehr zu erkennen ist. Trotzdem hat der Bundeskanzler die Verantwortung zu tragen.

Die Abgeordneten im Bundestag sind nach dem Grundgesetz, Artikel 38, „… *Vertreter des ganzen Volkes, an Aufträge und Weisungen nicht gebunden und nur ihrem Gewissen unterworfen".* Dem steht jedoch der Fraktionszwang entgegen, der die Abgeordneten ihrer Gewissensfreiheit beraubt und sie zwingt, entsprechend der Parteimeinung abzustimmen. Dieser Fraktionszwang stellt ein Machtmittel der Parteifürsten dar; danach dürfen Abgeordnete im Parlament nicht einmal allein einen Antrag stellen und nur mit Erlaubnis der Partei im Parlament reden. Wer es trotzdem wagt und versucht, das Parlament gegen die Meinung der Parteifürsten von seiner Ansicht der Probleme zu überzeugen, muss damit rechnen, von der Partei abgestraft und in den Hintergrund gedrängt zu werden.

Auch das deutsche Wahlrecht engt – mit der zweiten Stimme für die Parteiliste – die Gewissensfreiheit der Abgeordneten stark ein. Die Parteiliste gibt den Parteifürsten ein Machtinstrument in die Hand, um die Abgeordneten mit einem mehr oder weniger aussichtsreichen Listenplatz im Sinne der Parteiführung zu disziplinieren. Durch diese Listen kommen dann Abgeordnete in das Parlament, die zwar der Partei dienlich sind; aber wären diese Leute wirklich gewählt worden? Wohl kaum!

Im Grundgesetz, Artikel 21, heißt es zwar: **„Die Parteien wirken bei der politischen Willensbildung des Volkes mit",** aber das bedeutet noch lange nicht, dass sie die Willensbildung des Volkes in allen Bereichen beherrschen sollen.

Die Ministerpräsidenten der Länder konnten sich nur darum zu Länderfürsten entwickeln, weil das Grundgesetz von den Ländervertretern geschrieben wurde. Ähnlich verhält es sich mit den Parteifürsten. Die Parteiengesetze wurden von den Parteien entwickelt und vom Parlament – das ja aus Mitgliedern der Parteien besteht – genehmigt. In beiden Fällen haben sowohl die Länderfürsten als auch die Parteifürsten – als Betroffene – in eigener Sache die Gesetze gemacht, die natürlich auch zum eigenen Nutzen mit entsprechenden Privilegien ausgestattet wurden.

Anders verhält es sich bei den Verbands- und Wirtschaftsfürsten. Sie konnten nur zu dieser Macht kommen, weil die Regierungen den Verbänden und Konzernen zu viel Entscheidungsmacht in den politischen Belangen des Staates zugestehen. Außerdem erlaubt die Regierung den Verbänden und der Wirtschaft eine zu starke und nicht öffentliche Lobbyarbeit in den Ministerien. Sogar Mitarbeiter aus Unternehmen – die auch von diesen bezahlt werden – haben einen festen Arbeitsplatz mit Zugang zu allen Akten in staatlichen Stellen der Ministerien.

Falls die „Beratungen" durch Lobbyisten überhaupt sinnvoll sind, muss es das Volk wissen. So sollten alle Kontakte der Lobbyisten – ob in den Ministerien oder Klubs – von den entsprechenden Regierungsstellen, Abgeordneten und solchen Beamten, die an der Entscheidungsvorbereitung beteiligt sind, mit folgenden Angaben gemeldet werden: Name des Lobbyisten, die durch ihn vertretene Gruppe oder Firma, Thema und Zeitpunkt des Kontaktes. Diese Informationen müssten zum Beispiel an den Parlamentspräsidenten oder eine andere geeignete Stelle gemeldet werden. Bei Zuwiderhandlung, Unterlassung oder Verfälschung, erfolgt zwingend eine Ahndung der Straftaten.

Allen Abgeordneten und Journalisten sollte das uneingeschränkte Recht eingeräumt werden, diese Lobbyisten-Meldungen jederzeit einzusehen. Die Abgeordneten brauchen diese Information, um Gesetzesvorlagen richtig einordnen zu können und sich gegebenenfalls für ihre Entscheidung weitergehend zu informieren. Das Recht der Journalisten legitimiert sich aus dem Gebot, der Öffentlichkeit derartige „Beratungen" aufzuzeigen. Denn sowohl Abgeordnete als auch das Volk müssen in einer Demokratie darüber informiert sein, welche Interessen die Gesetzgebung beeinflussen.

Bei den Konsensbemühungen der Regierung und den ständigen Vereinbarungen hinter verschlossenen Türen werden die Wünsche dieser Interessenvertreter auch in sogenannten Bündnissen oder in einem „Pakt" mit der Regierung vereinbart. Wie zum Beispiel zwischen Arbeitgebern und Gewerkschaften das „Bündnis für Arbeit". In solchen Fällen werden Gesetze nach den Wünschen dieser Vertreter von Gruppeninteressen gemacht. Diese Leute sind jedoch nicht demokratisch vom Volke gewählt! Dabei kommt dann immer, je nach der Stärke der einen oder anderen Seite, ein Kompromiss zugunsten des jeweils Stärkeren heraus. Das stellt aber kaum eine demokratische Handlungsweise dar und entspricht eher der Ständeversammlung vor der Französischen Revolution. Das Ergebnis dieser Runden muss aber nicht unbedingt für den Staat gut sein. Noch weit schlimmer ist es, dass das Parlament – also unsere gewählten Volksvertreter – damit entmachtet und infrage gestellt wird. Erfordernisse, die politisch als richtig erkannt sind, dürfen nicht in Bündnissen oder Pakten vereinbart werden, sondern müssen als Gesetze verbindlich sein. Andernfalls darf man davon ausgehen, dass Gesetze nicht für die Menschen, sondern für die Interessengruppen gemacht werden.

Die Wirtschaftsfürsten können ferner noch Druck auf die Regierung ausüben (wenn nicht gar Erpressung vorliegt), indem sie der Regierung androhen, den Firmensitz und die Arbeitsplätze in das Ausland zu verlegen. Es gibt viele Beispiele, dass trotz hoher Gewinne so gehandelt wird. Diese Fürsten können den Staat auch ganz legal ausbeuten. So werden jetzt überall Löhne gesenkt oder Arbeitszeiten ohne Bezahlung verlängert oder auch beides. Das bedeutet, dass zwar die Gewinne der Unternehmen maximiert, aber der Staatshaushalt zusätzlich mit Sozialkosten belastet wird. Darüber hinaus sinkt die Kaufkraft des Volkes durch diese Lohnkürzungen noch weiter ab. Dabei wird nicht bedacht, dass der innerstaatliche Geldkreislauf – ähnlich dem Blutdruck in einem Organismus – immer stabil bleiben muss.

Es wird Sache der Gewerkschaften sein, zu prüfen, ob derartige Zugeständnisse der Arbeitnehmer rechtswidrig durch Erpressung zustande gekommen sind. In einem solchen Fall sollte verhindert werden, dass die Verjährung eintritt. Trotzdem behaupten Politiker und die Wirtschaft mit ihren Verbänden immer wieder, dass diese Verringerung der Kaufkraft in Deutschland Arbeitsplätze schaffen würde. Aber diese Märchen kann man schon lange nicht mehr glauben; die Taten der Verantwortlichen zeigen genau das Gegenteil.

Auch die Politiker müssten wissen, dass sich die Arbeitslosigkeit nach jeder Wirtschaftskrise so entwickelt, dass der Sockel der Arbeitslosen höher ist als vorher. Ein derartiger Trend in der Entwicklung der Arbeitslosigkeit ist auch darum logisch, weil jedes Unternehmen ständig bemüht sein muss, durch innovative Erneuerungen und Rationalisierung seine Produktivität zu steigern und damit die Konkurrenzfähigkeit im Wettbewerb zu erhalten. Die Folge: Immer weniger Menschen können immer mehr Waren herstellen! Trotzdem wird immer wieder behauptet, die neuen Gesetze dienen der Schaffung neuer Arbeitsplätze.

Wie denn? Wenn die Unternehmensgewinne nur dadurch gesteigert werden, dass die Löhne gesenkt und die Solidarität zugunsten der Unternehmensgewinne ausgehöhlt wird? Mit den größeren Gewinnen werden kaum Investitionen im Inland getätigt.

Außerdem bricht der wichtige Binnenmarkt wegen der geringeren Kaufkraft ständig mehr zusammen. Die Folgen tragen auch jene Unternehmen, die nicht exportieren oder im Ausland für den Binnenmarkt produzieren. Wie zum Beispiel Handwerker, Einzelhändler, Kleingewerbe und lokale Dienstleister.

Die Verantwortlichen rühmen immer die große Exportleistung der deutschen Wirtschaft, erwähnen dabei aber nicht, dass inzwischen ein beachtlicher Anteil der Wertschöpfung im Ausland erarbeitet wird. Ein weiterer, noch wichtigerer Punkt ist, dass dadurch viele Fertigkeiten in diesem Lande verloren gehen. In solchen Fällen wird dann stets der Ruf nach ausländischen Fachkräften laut, wobei man keinen Gedanken daran verschwendet, dass die Wirtschaft diesen Mangel durch Gier und mangelnde Weitsicht selbst verursacht hat.

Außerdem gibt es immer einen Anteil der Bevölkerung, der nicht in der Hochtechnologie arbeiten kann, aber große andere Fähigkeiten besitzt. Sollen diese Menschen keine Möglichkeiten mehr haben, ihren Lebensunterhalt selbst zu verdienen? Statt ihnen die Arbeitsmöglichkeit zu geben, werden sie als Drückeberger, die den Staat parasitär ausnutzen, diskriminiert und so behandelt, dass man sich fragen muss: Wird da gegen den Artikel 1 des Grundgesetzes verstoßen, der da lautet: **„Die Würde des Menschen ist unantastbar. Sie zu achten und zu schützen ist Verpflichtung aller staatlichen Gewalt.“**

Diese Einstellung ist auch deswegen sehr kurzsichtig, weil die „Billiglohnländer“ mithilfe der Industrieländer auch technologisch schnell aufholen werden; für die heimische Wirtschaft sind dann wichtige Fähigkeiten und sicher auch die Exportmärkte verschwunden.

Ein Musterbeispiel für die „Weitsicht“ der verantwortlichen Eliten ist der Verkauf der Dortmunder Kokerei Kaiserstuhl an China. Hierbei handelte es sich um eine hochmoderne Großkokerei, die für zwei Millionen Tonnen Koks im Jahr ausgelegt war. Die Kokerei, gerade erst acht Jahre alt, hätte noch einige Jahrzehnte gehalten. Nachdem im Jahre 1999 die Lieferverträge mit der deutschen Stahlindustrie ausgelaufen waren, wurden diese Verträge nicht erneuert. Koks wurde im Ausland gekauft – es war billiger. Jetzt ist der Preis für Koks so hoch, dass es den Verantwortlichen hoffentlich aufgefallen ist, wie kurzsichtig gehandelt wurde. Hinzu kommt noch der volkswirtschaftliche Schaden, der dadurch entstanden ist, dass die Kokerei etwa 600 Millionen DM gekostet haben soll und jetzt für geschätzte 30 bis 50 Millionen DM – das dürfte etwa der Schrottwert sein – verkauft wurde. Dieser Verlust wurde ganz sicher auch noch steuerlich geltend gemacht, sodass zusätzlich die Steuereinnahmen des Staates gemindert worden sein dürften. Mit anderen Worten: Die verursachten Verluste werden nicht von den Eigentümern – nämlich den Aktionären – getragen, sondern auf die staatliche Allgemeinheit abgewälzt!

Aber nicht nur damit erlitt die Volkswirtschaft Schaden. In China – einem „Billiglohnland" – wird zurzeit etwa die Hälfte des Weltbedarfs an Koks produziert. Das Land baut die eigene Industrie mithilfe der Industriestaaten rasant auf und liefert Stahl und Koks kaum noch an das Ausland. Dadurch sind die ersten Produktionsengpässe außerhalb Chinas bereits aufgetreten.

Die Natur als Vorbild

In der Technik und bei der Entwicklung medizinischer und che-
mischer Produkte wird das Vorbild anderer Arten schon lange
genutzt. Dafür wurde extra der Wissenschaftszweig „Bionik"
gebildet. Nur bei der Demokratie, dem Sozialverhalten und der
Wirtschaftsorganisation des Staates sind wir so arrogant, dass wir
nicht bei anderen Arten forschen; und das, obwohl es genügend
Staaten bildende Arten gibt, die wesentlich älter sind als wir.
Jede Art – auch wir Menschen – verfügt über die beiden gleichen
Urtriebe. Am stärksten ist der „Selbsterhaltungstrieb" (Egoismus),
bei dem anderen Urtrieb handelt es sich um den „Arterhaltungs-
trieb" (Sozialverhalten). Daraus hat jede Art eine eigene Überle-
bensstrategie entwickelt. Das gilt besonders für die Systeme des
Zusammenlebens und die Ausbildung des Nachwuchses sowie die
Feindabwehr und den Schutz vor Parasiten und Fressfeinden.
So bilden pflanzenfressende Friedtiere vorzugsweise Herden,
um sich und ihren Nachwuchs vor Fressfeinden zu schützen. Das
klügste und erfahrendste Tier – meist weiblich – wird zum Leittier.
Bei diesen Friedtieren ernähren sich alle gemeinsam und jedes Tier
frisst, so viel es mag. Bei den Wanderungen der Herden wird auf
die Erfahrung und Klugheit des Leittieres vertraut.
Fleischfressende Raubtiere sind meist Einzelgänger, oder sie bilden
Rudel, um gemeinsam größere Beutetiere zu überwältigen. Sie
besetzen ein Revier und dulden darin keine anderen Artgenos-
sen. In den Rudeln gibt es jedoch in puncto Fressen eine strenge
Rangordnung, so frisst das ranghöchste und stärkste Tier – meist
männlich – zuerst die besten Teile der Beute, während alle anderen Mitglieder des Rudels dem Range entsprechend warten
müssen. Dabei ist es fast die Regel, dass bei Nahrungsmangel die
rangniedrigsten Tiere verhungern. Tyrannen werden jedoch nicht
als Rudelführer geduldet.
Ganz anders ist das Leben der Staaten bildenden Arten; hier
besteht eine Arbeitsteilung. Es gibt also Spezialisten für die Si-

cherheit, Ernährung, Brutpflege usw. In diesem System wird jedes Mitglied des Staates gleichermaßen geschützt und ernährt: Verhungern – wie bei den Rudel bildenden Raubtieren – muss kein Tier.

Auch die Demokratie wird bei Staaten bildenden Arten erfolgreich praktiziert. So hat man zum Beispiel festgestellt, dass ausschwärmende Bienen nicht der Königin die Auswahl der neuen Wohnung überlassen, stattdessen werden etwa vierzig Kundschafter ausgesandt, um die bestmögliche neue Wohnung zu finden. Diese Kundschafter – die keinem Faktionszwang unterliegen – stellen ihre Vorschläge vor und führen regelrechte Parlamentsdebatten um den besten Vorschlag. Da kann es vorkommen, dass ein zunächst wenig beachteter die Mehrheit von den Vorzügen des Minderheitenvorschlags überzeugt.

Vergleicht man die staatliche Ordnung von Treiberameisen, die ja Raubtiere sind, mit sich vegetarisch ernährenden Termiten, so stellt man fest, dass beide Arten ihren Staat nach ähnlichen Gesetzen organisieren. Bei beiden Arten arbeitet jedes Tier für den Staat und erhält keine besonderen Zuwendungen, was Verdienste um den Staat betrifft. Es werden keine Sonderrationen verteilt, sondern die Angehörigen des Staates haben alle den gleichen Ernährungszustand.

Nun, diese Tiere haben mindesten 30 Millionen Generationen für ihre Staatsentwicklung gebraucht, während wir Menschen erst seit höchstens 280 000 Generationen unsere Staaten organisieren. Darum sind wir sicher noch lange nicht so weit wie Ameisen, Termiten oder Bienen. Wir brauchen also für die Wirtschaftsentwicklung und die Organisation unserer Staaten noch einige evolutionäre Zwischenstufen. Aber eines ist erkennbar: Die Evolution wird uns – weg vom Raubtierverhalten – immer mehr Solidarität abfordern!

Die Natur lehrt uns auch, dass die Gigantomanie, die sowohl von einigen Staaten als auch von vielen Unternehmen betrieben wird, sich gegen die Naturgesetze stellt. Im Weltall kann man beobachten, dass die Galaxien kaum eine bestimmte – sicherlich optimale – Größe überschreiten. Atome zerfallen ab einer bestimmten Größe von selbst. Dieses Naturgesetz der optimalen Größe ist ganz sicher auch der Grund, dass bei uns Menschen die Imperien immer wieder zerfallen. Bei den Wirtschaftsunternehmen verhält es sich ähnlich. Das geschieht genau wie in der Natur; die Zerfallszeit entspricht der jeweils unterschiedlichen Abweichung vom spannungsfreien Gleichgewicht.

Urtriebe im Staatssystem

Vergleicht man, wie andere Arten aus den Urtrieben ihre Über-
lebensstrategie entwickelt haben, so muss man leider feststellen,
dass unser kapitalistisches System auf der Stufe der Rudel bildenden Raubtiere stehen geblieben ist; und das, obwohl wir als
soziale Wesen in unseren Staaten schon Arbeitsteilung entwickelt
haben. Mit diesem rückständigen Verhalten bedienen wir nur den
Urtrieb der Selbsterhaltung (Egoismus), was zur Folge hat, dass
in Krisenzeiten mit „harten Einschnitten" nur auf die Schwächsten
in der Gesellschaft eingedroschen wird, während man ihnen aber
gleichzeitig einzureden versucht, das sei nur zu ihrem Wohle – wie
verlogen wir doch miteinander umgehen!
Andererseits hat sich der kommunistische Sozialismus auch als falsch
erwiesen. An den Urtrieben gemessen, wurde nur der Arterhaltungstrieb beachtet. Allerdings auch mit dem Fehler der Funktio-
närsbildung und der Gewaltanwendung auch gegenüber dem Volk,
eben mit der Tyrannei einer Diktatur und der Planwirtschaft.
Der Kommunismus ist schneller als der real existierende Kapitalismus gescheitert, denn der Selbsterhaltungstrieb oder anders
gesagt der Egoismus ist ja der weit stärkere Urtrieb – und daher
braucht das kapitalistische Wirtschaftssystem für sein Scheitern
eine längere Zeitspanne. Die Intervalle, diesen real existierenden
Kapitalismus zu reparieren, werden dabei immer kürzer. Leider geschieht das mit anhaltend härteren Verstößen gegen den zweiten
Urtrieb: die Arterhaltung, also die Solidarität.
So werden jetzt besonders die Schwächsten unserer Gesellschaft
mit den „Einschnitten" in die sozialen Sicherungen, fortlaufend in
größere Existenznot gebracht, und das mit der sehr fragwürdigen
Erklärung: Das sei sozial, weil damit neue Arbeitsplätze geschaf-
fen und die Wirtschaft belebt würde. Sagte man einem Bauern:
„Deine kranke Kuh gibt nur dann wieder mehr Milch, wenn sie
weniger und schlechteres Futter bekommt", erkennt der diesen
Unsinn sofort.

Die Prahlerei, der Kapitalismus habe den kommunistischen Sozialismus besiegt, ist völlig fehl am Platze: Nicht der Kapitalismus hat den Sozialismus besiegt, sondern der kommunistische Sozialismus hat sich selbst zerstört! Der real existierende Kapitalismus ist auf dem besten Wege dazu; nur will es niemand wahrhaben. Man kann ja noch mit Geld und Waffengewalt das unsolidarische System eine gewisse Zeit am Leben erhalten.

Der jetzige Kapitalismus kann sich nur so lange retten, wie es ihm gelingt, auf der endlichen Erdoberfläche neue Absatzmärkte und neuerdings auch billige Produktionsländer zu finden. Die Gier verstellt den Blick so sehr, dass die Selbstzerstörung nicht erkannt wird! Der Kapitalismus vermag aber seine Produkte nicht gewinnbringend in Ländern zu verkaufen, wo die Löhne so niedrig sind, dass sie kaum zur Ernährung der Arbeiter ausreichen. In den Ländern mit bisher zahlungsfähiger Bevölkerung wird dagegen gleichzeitig die Kaufkraft vernichtet. Das ist wie bei einem Kettenbrief: Der endet bekanntlich mit einem völligen Zusammenbruch. Aber was ist dann? Krieg? Genau das muss verhindert werden!

Es grenzt schon an Volksverdummung, wenn Politiker und Verbandsfunktionäre dauernd behaupten, dass Arbeitsplätze geschaffen würden. Nichtstaatliche Arbeitsplätze entstehen nur dann, wenn aus diesen neuen Arbeitsplätzen größere Gewinne für die Unternehmer zu erwarten sind.

Aber das hat ja Karl Marx bereits vor etwa 150 Jahren herausgefunden. Nur seine Schlussfolgerung, dass die Welt besser wird, wenn man eine proletarische Diktatur bildet, ist falsch und hat den Parteien einen falschen Weg gewiesen. Nicht die Konfrontation bringt die evolutionäre Weiterentwicklung, sondern die verbesserte Solidarität aller Mitglieder eines Staates.

Beide Seiten – die Reichen und die Armen – müssen endlich begreifen, dass mit den bisherigen Methoden und der immer größer werdenden Mobilität des Kapitals nur <u>alle verlieren, wenn wir nicht solidarisch handeln</u>. Die Zeit ist reif, eine ehrliche Solidarität aller anzustreben, anstatt weiterhin den Klassenkampf zu betreiben!

Denn jeder Kampf und jede Diktatur fordert berechtigten Widerstand heraus, der von den Machthabern immer bekämpft wird, was dann verschleiernd Bekämpfung der Rebellion bzw. des Terrors genannt wird. In der Demokratie hat die Bevölkerung die Möglichkeit, ihren Unwillen durch Demonstrationen kundzutun. Das sollte die Regierenden jedoch zur Überprüfung ihrer Handlungen veranlassen und nicht dazu führen, dass Demonstranten aus Überheblichkeit als Mob der Straße beschimpft werden.

Eine Lösung dürfte darin liegen, dass die Urtriebe „Selbsterhaltung" (Egoismus im positiven Sinne) und „Arterhaltung" (Solidarität aller Menschen eines Staates) gleichgewichtig behandelt werden. Eine Politik, die gegen die Naturgesetze handelt, wird in jedem Falle scheitern. Da der kommunistische Sozialismus nur den schwächeren Arterhaltungstrieb bedient hat, ist er schon nach relativ kurzer Zeit gescheitert. Um dem real existierenden Kapitalismus, der den viel stärkeren Selbsterhaltungstrieb bevorzugt, das gleiche Schicksal zu ersparen, wird es erforderlich sein, die Solidarität mehr zu beachten.

Die Globalisierung

Wie aus archäologischen Funden zu erkennen ist, haben die Menschen schon in grauer Vorzeit miteinander Handel getrieben. Darum kann man sagen: Globalisierung gab es schon immer; nur ihr Grad war zu jeder Zeit von der Reichweite und Geschwindigkeit der Verkehrs- und Nachrichtentechnik abhängig. Den Nutzen aus diesem Handel hatten die Partner früher gleichermaßen.

Erst seit der Industrialisierung werden für die Produktion ständig billige Arbeitskräfte gesucht. Gleichzeitig sind Absatzmärkte erforderlich, die hohe Preise möglich machen. Aber der „Globalisierung" genannte Welthandel kann nur dann ein Gewinn für die Weltwirtschaft sein, wenn er nicht mit der Ausplünderung einzelner Bevölkerungsgruppen und sogar ganzer Staaten betrieben wird!

Als die Verkehrstechnik es zuließ, wurden Sklaven – also entrechtete Menschen – aus Afrika zur Arbeit auf die großen Plantagen in Amerika und Westindien verkauft – häufig sogar von den eigenen Stammeshäuptlingen. Bei den Transporten dahin, wobei die Menschen oft angekettet waren, mussten viele ihr Leben lassen. Da hieß die Globalisierung noch „Sklaverei". Die Ausbeutung der Menschen wurde offen mit dem Begriff „Sklaverei" zum Ausdruck gebracht. Die Sklaven wurden mit Prügel in Angst versetzt und damit in jeder Hinsicht gefügig gemacht.

Später brauchte man nicht nur billige Arbeitssklaven für die Plantagen, sondern die dauernd leistungsfähiger werdende Industrie benötigte auch billige Rohstoffe. Die überlegene Waffentechnik der Industriestaaten machte es ihnen möglich, diese Rohstoffländer zu unterwerfen und deren Rohstoffe auszubeuten. Inzwischen war auch die Verkehrstechnik der Industrieländer so entscheidend verbessert worden, dass die Rohstoffe kostengünstig abtransportiert werden konnten. Das ging natürlich zulasten der unterworfenen Völker.

Diese Globalisierung nannte man „Kolonialisierung". Damit ist ursprünglich jedoch die Ansiedlung von Menschen, aber nicht die Ausbeutung der Ureinwohner gemeint. Dieser Begriff verdeutlicht schon, dass die Ausbeutung verschleiert werden soll. Bei der Kolonialisierung handelt es sich nicht nur um die Ausbeutung einzelner Menschen, sondern ganze Völker werden systematisch ausgebeutet.

Durch die noch wesentlich verbesserte Nachrichtentechnik können heute Nachrichten und Kapitalströme in Sekundenschnelle um den Globus geschickt werden. Mit der modernen Verkehrstechnik sind die Transporte der Waren schneller und billiger geworden. Da mit unserer Sprache problematische Sachverhalte sehr gern verschleiert werden, nennt man diese globale Ausbeutung nun „Globalisierung". Heute hat die Globalisierung aber noch zusätzlich eine neue Qualität erhalten: Jetzt werden nicht nur andere Länder ausgeplündert, nein, auch die Heimatländer des Kapitals.

Das geschieht insbesondere durch die Verlagerung von Arbeitsplätzen in Billiglohnländer. Im Inland entstehen dadurch Steuerausfälle und zusätzlich die Ausgaben für den Lebensunterhalt der ständig wachsenden Arbeitslosigkeit. Mit anderen Worten: Den Menschen entzieht man im Heimatland die Existenzgrundlage. Die Kosten für den Erhalt des Staates werden der hier arbeitenden Bevölkerung aufgebürdet. Aber die Infrastruktur mit ihren Verkehrs- und Versorgungsnetzen sowie den kulturellen und bildenden Einrichtungen, die wird von diesen „Globalisierern" parasitär, ohne Schuldbewusstsein in Anspruch genommen.

Die Belastungen treffen nicht nur Arbeitslose, die ihren Arbeitsplatz schon verloren haben und jetzt als parasitäre Drückeberger dargestellt werden, sondern auch Nocharbeiter, denen die Löhne durch realen Abzug und/oder Arbeitszeitverlängerung gekürzt werden. Doch damit nicht genug: Alle Unternehmen, die nicht Im- und Export betreiben, sondern auf den Binnenmarkt angewiesen sind, werden so auch durch Mehrbelastung ausgebeutet!

Während früher die Sklaven mit Prügel in Existenzangst versetzt wurden, geschieht das heute bei den abhängig Beschäftigten mit der Drohung, ihre Arbeitsplätze in Billiglohnländer zu verlagern. Das ist die gleiche Situation wie bei den früheren Sklaven! Wo besteht da ein Unterschied? Doch nur darin, dass nicht physisch mit Prügel, sondern psychisch mit Zukunftsängsten gefügig gemacht wird. So setzt das Kapital Arbeiter und sogar Staaten unter Druck, und mit dem Verweis auf Billiglohnländer oder Steueroasen werden ihnen Zugeständnisse abgepresst. Allerdings wird durch diese Gier nicht erkannt, dass man damit die eigene Existenz vernichtet. Oder vertraut man gar darauf, durch Kriege neue Gewinnmöglichkeiten aufzutun?

Man kann nachlesen, was das Unternehmen Mercedes vom Betriebrat fordert: In Deutschland müssten jährlich 500 Millionen Euro eingespart werden – natürlich überwiegend bei der Bezahlung der Arbeitnehmer –, sonst würden 6000 Arbeitsplätze verlegt. Geschieht das aus Existenznot des Unternehmens? Sicher nicht! Wie der „Stern" berichtet, hat DaimlerChrysler den Gewinn im Jahre 2004 gegenüber dem Vorjahr um 677 (!) Prozent gesteigert. Davon wurde von Mercedes mit 3,1 Milliarden Euro der höchste Gewinn im Daimler-Konzern erzielt!

Das ZDF-Magazin „Frontal 21" berichtet: Der Kolbenhersteller Mahle erzielt gute Gewinne und hat im Ausland 25 000 Beschäftigte und in seinem Stammwerk in Stuttgart weniger als 10 000, aber mit fallender Tendenz. Weitere 500 Mitarbeiter sollen entlassen werden. Nicht weil die Firma sonst nicht mehr existieren würde, sondern um den Gewinn auf 17 Prozent zu steigern!

Diese Beispiele zeigen: Da steckt reine Gier dahinter!

Was macht die Politik dagegen? Nichts!

Wurden bisher die abhängig Beschäftigten von den Unternehmen in Existenzangst gebracht, so hat der Staat jetzt mit „Hartz IV" die Menschen auch noch in Panik versetzt. Allerdings darf dieser Vorwurf nicht nur der rot-grünen Regierung gemacht werden; durch unser Grundgesetz konnte die Opposition mit ihrer Mehrheit im Bundesrat – praktisch als große Koalition – diese Gesetze derartig verändern, sodass sie wurden, wie sie jetzt sind. Darum ist fast allen Parteien der gleiche Vorwurf zu machen. „Hartz IV" wurde von SPD, Grünen, CDU und CSU gemeinsam beschlossen!

Aus der Wirtschaft, und sogar von der Politik, wird uns immer wieder erklärt, dass Deutschland ein Land für Hochtechnologie sei und darum die Produktherstellung ins Ausland mit niedrigen Löhnen verlagert werden müsse. Diese Argumentation stellt sich schon darum als falsch heraus, weil auch Menschen mit geringeren Fähigkeiten die Möglichkeit brauchen, ihren Lebensunterhalt selbst zu verdienen – das hat auch mit der Würde des Menschen zu tun. Außerdem erscheinen diese Argumente sehr unglaubwürdig! Weil: Da passen die Worte nicht mit den Taten zusammen; oder gehört die Entwicklung von Computerprogrammen in Indien nicht zur Hochtechnologie?

Wenn Siemens – nur für das Produkt Handy – in China ein Forschungszentrum mit 400 Ingenieuren betreibt, und diese Anzahl sogar verdreifachen will, dann geht damit in Deutschland Hightech-Wissen unwiderruflich verloren. Letzteres stellt aber eine wichtige Grundlage für die wirtschaftliche Entwicklung unseres Landes dar, das ohne dieses Wissen immer mehr verarmt. Aber diese Verlagerungspraxis ist in der deutschen Industrie kein Einzelfall. Die Kette, in der neben den Großunternehmen auch die mittelständischen Firmen in Billiglohnländer nachfolgen und ihre Arbeitsplätze aus Deutschland dahin verlegen, reißt leider nicht mehr ab.

Die Politik, die das Staatswesen gegen die Ausbeutung durch die Globalisierung schützen müsste, benimmt sich wie das Kaninchen, das hilflos auf die Schlange starrt. Es ist sogar Spekulanten möglich, gegen die Währung eines Landes zu spekulieren. Man kann nirgendwo erkennen, dass die Politik diese Ausplünderung verhindert und das Kapital aktiv in seine Schanken verweist. Im Gegenteil: Obwohl die Unternehmen des Kapitals seit Jahren mit Subventionen und Entlastungen bei den Steuern und Abgaben hofiert werden, wird deren Gier nur größer und weitere Arbeitsplätze werden in Billiglohnländer verlegt.

Das Bedrückende dabei ist, dass die Eliten offensichtlich nicht lernfähig sind; wo doch Lernfähigkeit als Indiz für Intelligenz gilt. Oder warum versuchen sie es nicht einmal mit anderen Mitteln, anstatt dauernd die Dosis der Mittel zu erhöhen, die schon früher versagt haben?

Das Kapital versucht, die Löhne – auch mit staatlicher Hilfe, und da besonders mit Hartz IV – möglichst auf das Niveau der Billiglohnländer zu drücken; auf der anderen Seite werden die Lebenshaltungskosten– ebenfalls mit staatlicher Hilfe – eher erhöht als auf die Ebene der Billiglohnländer gebracht. Die Kostenreduzierung ist teilweise möglich durch Senkung der Kreditzinsen, Mieten sowie Gebühren und Abgaben jeglicher Art. Aber mit der jetzigen Politik, die leider mehr oder weniger entsolidarisierend ausgeprägt von den Parteien gleichermaßen praktiziert wird, bleibt letztlich der Staat Verlierer, oder besser gesagt: Wir, als ganzes Volk, sind die Verlierer.

Staat und Parteien

Als der Bundespräsident Richard von Weizsäcker es aussprach, dass die Parteien sich den Staat zueigen gemacht hätten, hat er damit auf ein Problem in unserer Demokratie hingewiesen.

Die Parteien und Abgeordneten im Bundestag entscheiden nämlich auch in eigenen Angelegenheiten. Es muss uns allen aber bewusst werden, dass im Gegensatz zu den Beamten – die unbefristet Angestellte des Staates sind – Abgeordnete und die Regierung vom Volk zeitlich befristet gewählt (angestellt) werden. Aus diesem Grunde können sie nicht selbstherrlich ihre eigenen Angelegenheiten regeln. Kein ordentlicher Kaufmann würde dem Kassierer auch gleichzeitig die Buchhaltung anvertrauen und den Angestellten erlauben, ihr Gehalt und die Arbeitbedingungen selbst festzulegen.

Wir brauchen anstatt ständiger Veränderungen des Grundgesetzes eine neue Verfassung. Das kann aber nicht von den betroffenen Länder- und Parteifürsten – oder gar von Verbandsfürsten und Unternehmensberatern – erledigt werden. Eine Erneuerung vermag nur ein vom Volk direkt gewählter ehrenamtlicher Ältestenrat sachlich klug herbeizuführen, der allerdings nur so groß sein darf, dass er effektiv arbeiten kann. Das Mindestalter seiner Mitglieder sollte achtzig Jahre betragen, und die Wahl dürfte nach keinem Parteien-, Religions- oder Länderproporz erfolgen, sondern nur nach dem Persönlichkeitswert der Kandidaten. Damit der Ältestenrat völlig von den Interessen einzelner Gruppen frei ist, dürfen die Kandidaten nicht auch Mitglieder in Aufsichtsräten oder Vorständen von Unternehmen, Parteien, Wirtschaftverbänden oder Gewerkschaften sein. Nur so ein Ältestenrat, der keine eigene Macht anstrebt, kann eine Verfassung erarbeiten, die für das gesamte Volk der Bundesrepublik Deutschland ausgewogen und nützlich ist.

Unser Parlament hat ohne Überhangmandate 698 Sitze. Da es aber nur 299 Wahlkreise gibt, sind nur diese direkt gewählten Abgeordneten den Wählern ihres Wahlkreises Rechenschaft schuldig. Die anderen, die über die Parteilisten in den Bundestag gekommen sind, fühlen sich naturgemäß zunächst ihrer Partei verantwortlich. Leider hört man immer öfter von Abgeordneten, dass sie von Verbänden oder Unternehmen bezahlt werden! Dadurch besteht die Gefahr, dass, anstatt uneingeschränkt dem Gemeinwohl zu dienen, Einzelinteressen verfolgt werden und man sich fragen muss: Sind das nun Volksvertreter oder Lobbyisten? Solche „Volksvertreter" brauchen wir ganz sicher nicht!

Wir sollten nach Willi Brandt wirklich „mehr Demokratie wagen"; und damit bei unserem Staat und den Parteien anfangen. Zwar gehört dazu sehr viel Mut, denn es muss damit gerechnet werden, dass die „neuen Fürsten" ihre jetzigen Privilegien als Besitzstände mit der stärksten Waffe – den Medien – zäh verteidigen. Über die Medien kann den Menschen die Denkweise eingehämmert werden, die den neuen Fürsten zum Erhalt und Ausbau ihrer Privilegien dienlich sind.

Der ehrenamtlichen Tätigkeit des Ältestenrates kommt auch eine Signalwirkung und darum besondere Bedeutung zu. Er darf nicht nur die Aufgabe haben, alle Rechte und Pflichten der Regierung und der Abgeordneten zu regeln, sondern auch deren Bezahlung. Diese muss so attraktiv sein, dass sich kluge Persönlichkeiten um diese Ämter bewerben. Gleichzeitig sollte die Forderung der Politiker: „Leistung muss sich lohnen", durch die Einführung eines Leistungsfaktors für alle Abgeordneten, politischen Beamten und die Regierung erfolgen. So könnte ein Drittel der Bezahlung bis zum Ende der Wahlperiode für die Berechnung der Leistungsprämie einbehalten werden.

Veränderungen bei der Arbeitslosigkeit und Staatsverschuldung – soweit sie während der Amtszeit eingetreten sind – könnten als Bemessungskriterien herangezogen werden. Die Bewertung der Arbeitslosigkeit dient der jetzt aktiven Generation, während die Verringerung der Staatsverschuldung den nachfolgenden Generationen zugutekommt. Dabei muss allerdings berücksichtigt werden, dass es im Gegensatz zu echten Schulden auch Zukunftsinvestitionen gibt; diese sind auch zum Nutzen der nachfolgenden Generationen und dürfen darum nicht als Schulden gewertet werden. Der Anstieg der Arbeitslosigkeit und/oder der Staatsverschuldung muss für alle Regierungsmitglieder, Abgeordneten und politischen Beamten einen spürbaren Geldabzug von der Leistungsprämie bewirken. Damit bindet man auch die Opposition für den Erfolg der Regierung durch die Bezahlung mit ein. Sicher werden dann gute Vorhaben nicht so oft aus parteistrategischen Gründen scheitern.

In der Verfassung muss auch ganz klar herausgestellt werden, dass alle gewählten Volksvertreter und die Regierung Angestellte des Volkes sind, während Beamte vom Staat angestellt werden. Für alle sollten die Altersversorgung sowie die Folgen bei Fehlleistungen und Fehlverhalten so sein wie für jeden anderen Angestellten, jedoch nicht wie heutzutage bei den Konzernmanagern.

Die Parteien werben schon jetzt mit einer einzelnen Person als Kanzlerkandidaten. Dabei tritt bei der Wahlwerbung das Programm der Parteien – wenn es überhaupt erwähnt wird – fast immer als Randnotiz in den Hintergrund bzw. wird zu einer leeren Worthülse. Da ist es doch besser, den Bundeskanzler gleich direkt vom Volk wählen zu lassen. Der Ältestenrat sollte die Anmeldung zur Kandidatur entgegennehmen, und nachdem die demokratische Grundhaltung geprüft wurde, die Kandidatur freigeben. Die Amtszeit müsste auf sechs oder sieben Jahre verlängert werden.

Dieser Zeitraum erscheint erforderlich, damit die von der Regierung ergriffenen Maßnahmen eingeführt werden und Wirkung zeigen können. Ein Bundeskanzler – weiblich oder männlich – darf danach frühestens nach einer sechs- bzw. siebenjährigen Pause wiedergewählt werden. Dadurch wird erreicht, dass in der Regierung nicht dauernd Energie und wertvolle Zeit für die Wiederwahl vergeudet werden. Mit einer Direktwahl durch das Volk erhält der Bundeskanzler mehr Unabhängigkeit von den dominanten Parteien. Er kann seine Minister unabhängig von Parteizugehörigkeiten selbst auswählen und seine Mehrheiten über die Parteigrenzen hinweg finden.

Der Bundeskanzler und alle Regierungsmitglieder müssen ihre Mitgliedschaft und Tätigkeit in Parteien, Wirtschaftsunternehmen und Verbänden während der Amtszeit aufgeben. Für Abgeordnete sollte die gleiche Regel gelten, mit der einzigen Ausnahme: Die Abgeordneten können Parteimitglied bleiben und Parteiämter innehaben. Im Gegensatz zum Bundeskanzler dürfen Abgeordnete zweimal nacheinander gewählt werden, bevor sie eine Wahlperiode aussetzen müssen. Dadurch wird das Parlament zum Vorteil des Volkes ständig in seiner Zusammensetzung verändert.

Der Fraktionszwang muss entfallen und jedem Abgeordneten sollten gleiche Mittel und Redezeiten zugeteilt werden. Wenn dann mehrere Abgeordnete in einer aktuell anstehenden Aufgabe ähnliche oder gleiche Ansichten haben, können sie sich fallweise zusammenschließen und ihr Rederecht für eine Person bündeln. Dann hängt der Bundeskanzler auch nicht mehr vom Wohlwollen einer Fraktion ab; andererseits kann der Bundeskanzler das Parlament nicht mit „Basta-Politik" unter Druck setzen. Wenn gleichzeitig die zweite Stimme für die Wahllisten der Parteien abgeschafft wird, kommen nur Abgeordnete ins Parlament, die wirklich mehrheitlich gewählt sind. Diese Zweitstimme dient ohnehin nur zur Machtausweitung der Parteifürsten.

Durch den Wegfall der Zweitstimme und des Fraktionszwangs können auch solche Bewerber bei der Wahl Erfolg haben, die keiner Partei angehören. Sicher wird es dann auch für unabhängige, kluge Köpfe – solche gibt es reichlich in Deutschland –, die mit ihren kreativen Ideen die ausgetretenen Denkpfade der Parteien und „Eliten" verlassen, möglich sein, in das Parlament gewählt zu werden.

Unsere jetzige Situation stellt sich aber so dar, dass nicht alle Schichten des Volkes angemessen im Parlament vertreten sind. Wenn mehr als die Hälfte der Abgeordneten Funktionäre von Parteien und Verbänden oder Beamte sind, muss man sich nicht wundern, dass immer entsolidarisierende Gesetze entstehen, mit dem Zweck, mittels „harter Einschnitte" auf die wirtschaftlich Schwachen einzudreschen. Diese schlechte Situation wird ganz sicher auch noch durch die Zweitstimme gefördert; denn da erkennt der Wähler nicht genau, welche Leute Volksvertreter werden und wem diese sich verantwortlich fühlen.

Ähnlich wie Wirtschaftsverbände sind auch die Parteien Interessenverbände und dürfen nicht mit Steuermitteln subventioniert werden. Es ist seltsam, wenn Parteien ernsthaft anstreben, höhere Steuermittel zu erhalten, weil ihnen aufgrund ihrer praktizierten Politik die Mitglieder weglaufen. Wenn ein Unternehmen Arbeit leistet, die nicht von den Kunden akzeptiert wird, geht es mit Recht Pleite.

Ob die Parteien es dulden, dass sich ihre hauptamtlichen Funktionäre von Wirtschaftsunternehmen oder Verbänden bezahlen lassen, ist ganz allein deren Angelegenheit; allerdings besteht dadurch die Gefahr, dass eine Partei in den Verdacht gerät, korrupt zu sein. Jedenfalls gewinnt man als Wähler den Eindruck, dass diese Leute nur ihren eigenen wirtschaftlichen Vorteil im Sinne haben, aber nicht das Wohl des ganzen Volkes.

Parteispenden dürfen nur von natürlichen Personen erfolgen. Ab einer gewissen jährlichen Spendenhöhe muss der Spender öffentlich genannt werden; diese Pflicht darf auch nicht durch ein „Ehrenwort" eines Amtsträgers – was allein schon grotesk ist – ausgehöhlt werden. Das Volk muss nämlich immer wissen, wer welche Partei mit welchem Betrag besonders unterstützt. Der Bundeskanzler, alle Regierungsmitglieder und Beamte sowie die Abgeordneten dürfen grundsätzlich keine Spenden annehmen. Zuwiderhandlungen müssen immer bestraft werden und konsequent die sofortige, unehrenhafte Entfernung aus dem Amt zur Folge haben. Es ist auch eine unzulässige Subvention, wenn zur Parteispende auch noch ein prozentualer Zuschuss aus der Staatskasse hinzukommt.

Wenn statt der Parteiensubventionierung zur Vorstellung der

Kandidaten – ähnlich wie die regionalen dritten Fernsehprogramme – regionale Fernsehprogramme die Kandidaten vorstellen, brauchen die Parteien auch nicht mehr den riesigen Aufwand für den Wahlkampf zu treiben, der wird häufig nur mit leeren Phrasen veranstaltet. Medien wie Fernsehen und Internet bieten die Möglichkeit, das Volk direkt an der politischen Gestaltung zu beteiligen und damit die Wahlbeteiligung zu verbessern. Die Parteien und ihre Vertreter haben das Fernsehen und das Internet ohnehin schon lange für sich und ihre Politik entdeckt. Sie nutzen jede Gelegenheit, sich dort zu präsentieren. Wechselnde Moderatoren, die den entsprechenden Sachverstand mitbringen, können dann die einzelnen Kandidaten vorstellen und deren Einstellung zu verschiedenen Politikfeldern in Diskussionsrunden herausarbeiten. Diese Fernsehsender können außerdem im Verbund für jedermann zugängliche Weiterbildungs- und Studienprogramme ausstrahlen, womit das allgemeine Bildungsniveau angehoben werden dürfte.

Wer sich zur Wahl stellt, muss seine Lebensumstände öffentlich machen. Dazu gehören insbesondere der Familienstand, der Beruf und die Stellung im Unternehmen sowie alle Einkommensquellen – die Einkommenshöhe ist Privatsache des Einzelnen und sollte die Allgemeinheit nichts angehen. Die Mitgliedschaft und Funktion in Verbänden, Vereinen und Parteien muss den Wählern jedoch offenbart werden. Mit diesen Informationen kann der Wähler sich besser für den Kandidaten entscheiden, der seine Interessen am besten vertritt. Das wird dazu führen, dass sich die viel beklagte Politikverdrossenheit erheblich verringert und die Bürger politisch aktiver werden. Vielleicht werden sich Politiker dann auch wieder bewusst, dass sie als öffentliche Personen eine Vorbildfunktion zu erfüllen haben.

Mit diesen Änderungen können Gesetzesvorhaben ohne Zwänge von irgendwelchen Fürsten oder Lobbyisten – zum Wohle des ganzen Volkes – von Parlament und Regierung öffentlich debattiert und beschlossen werden. Beförderungen bei den Staatsdienern dürfen in diesem Zusammenhang nur bis zur Mitte der Legislaturperiode vorgenommen werden, weil sonst der Verdacht aufkommen könnte, vor dem Wechsel sollten noch Wohltaten verteilt werden, die von den Nachfolgern zu bezahlen sind.

Jede wirtschaftliche Nebentätigkeit muss für Regierungsmitglieder, Abgeordnete und Beamte – ohne Ausnahmen – grundsätzlich verboten sein. Es erscheint höchst merkwürdig, wenn ständig reklamiert wird, in den vorgenannten Ämtern sechzehn Stunden täglich arbeiten zu müssen, auf der anderen Seite dann aber noch Zeit für „Nebentätigkeiten" bleiben soll. Da muss man sich schon fragen, wo diese Zeit für zusätzliche Arbeiten herkommt! Bei Verletzung der Treuepflicht – die auch aus Faulheit bestehen kann – sollte eine sofortige unehrenhafte Entfernung aus dem Mandat bzw. dem Beamtenverhältnis erfolgen; mit einer derartigen Entlassung entfällt auch jegliche Ausgleichszahlung. Bei Mandatsträgern kann der Kandidat mit dem nächsthohen Stimmenanteil das Amt übernehmen. Wir dürfen nicht dulden, dass Mandate für Eigeninteressen missbraucht werden.

Wenn es noch eines Beweises dafür bedarf, dass ein Ältestenrat die Rechte und Pflichten der gewählten Volksvertreter regeln muss, dann ist es der vielstimmige Chor derjenigen, die mit fadenscheinigen Argumenten zu erklären versuchen, dass Nebenverdienste der „Volksvertreter" erforderlich sind, um die Volksnähe zu gewährleisten. Man muss sich schon fragen: Wissen diese „Volksvertreter" eigentlich nicht, dass man in seinem Wahlkreis auch bei der Bevölkerung das Gespräch suchen kann, um so die Volksnähe herzustellen? Allerdings haben Abgeordnete, die über die Parteiliste in den Bundestag gekommen sind, keinen Wahlkreis. Auch darum ist bei der Wahl die Zweitstimme abzuschaffen.

Es tut sich zurzeit ein weiteres Problem auf: Viele „Volksvertreter" weigern sich, ihrem Arbeitgeber, nämlich dem Volk, ihre Nebeneinkommen zu nennen, oder sie wollen diese nur verschleiert und unpräzise angeben. Sehen diese „Volksvertreter" den Staat wie die früheren Feudalherren als ihr Eigentum an? Aber solche Leute braucht das Volk nicht für seine Vertretung und auch nicht für den demokratischen Staat!

Für Beamte darf es kein passives Wahlrecht geben, denn sie können nicht gleichzeitig Angestellte des Staates sein, die sie als Abgeordnete – Angestellte des Volkes – kontrollieren müssen. Uns, den Wählern und den Gewählten, muss bewusst werden, dass nicht Macht, sondern befristet die Vollmacht übertragen wird, zum Wohle des ganzen Volkes tätig zu werden.

Damit die Wichtigkeit des Parlaments unterstrichen wird, ist es allerdings erforderlich, dass die Abgeordneten bei jeder Debatte auch im Plenarsaal sind. Wenn man heutzutage Bilder von den Parlamentssitzungen sieht, ist der Plenarsaal kaum halb besetzt. Mit der dadurch entstehenden Öffentlichkeitswirkung stellen die Abgeordneten das Parlament und sich selbst infrage. Wahrscheinlich ist auch nur die Hälfte der jetzigen Abgeordneten erforderlich! Für diese Parlamentssitzungen darf es nicht zusätzlich Geld geben, sondern bei Sitzungsversäumnissen müssen die Bezüge um ein Dreißigstel gekürzt werden. Die Anwesenheitsdauer kann, wie bei jedem anderen Angestellten, ganz einfach elektronisch festgestellt werden.

Wenn dann der Abgeordnete in den Fernsehprogrammen seinen Wählern erklären muss, warum er nicht im Plenarsaal war, kann jeder Wähler sich sein Urteil bilden, ob er den Richtigen ins Parlament gewählt hat. Die Abgeordneten sollten höchstens zwei Wahlperioden nacheinander gewählt werden können. Danach muss eine Wahlperiode ausgesetzt werden, damit dem Berufsparlamentarismus und dem Lobbyismus mit möglicher Korruption entgegengewirkt wird. Außerdem kommt mehr Dynamik in das Parlament.

Um die Gerichtsbarkeit, die ja ein ganz wichtiges Element in der Demokratie ist, aus den Partei-Kungeleien herauszuhalten, wird es klüger sein, Staatsanwälte und Richter auf Veranlassung des Ältestenrates direkt vom Volk zu wählen oder vom Ältestenrat dem Bundespräsidenten zur Ernennung vorschlagen zu lassen.

Nach einer Schonzeit von einem Jahr darf nur der Ältestenrat einen Volksentscheid oder Neuwahlen veranlassen. Das gilt besonders, wenn die Regierung Kriege anzettelt oder sich in Angriffskriege hineinziehen lässt. Oder wenn es für das Land besser erscheint, die Regierung vorzeitig abzulösen. Mit dieser Regelung kann die parlamentarische Mehrheit einen notwendigen Volksentscheid nicht verhindern und das Volk nicht von Scharfmachern und Demagogen aufgehetzt werden.

Besonders wichtig ist auch, dass im Gegensatz zur Weimarer Republik keine Regierung durch ein Ermächtigungsgesetz oder andere Machenschaften das Parlament auszuschalten vermag. Dazu gehört auch, dass unser Militär nur für die äußere Sicherheit eingesetzt werden darf. Denn ein Einsatz als Machtinstrument im Inneren bedeutet immer eine Einschüchterung des Volkes. Ferner darf keine Regierung die Möglichkeit haben, die Freiheit, insbesondere die Pressefreiheit, auch nur geringfügig einzuschränken. Zur Pressefreiheit gehört aber auch untrennbar die Pressevielfalt.

Aus diesem Grunde muss jede Bestrebung, die Medien in wenigen Händen zu konzentrieren, viel stärker unterbunden werden als solche Bestrebungen in der übrigen Wirtschaft. Dabei müssen alle Zeitungen, Zeitschriften und elektronischen Medien gemeinsam als Konzentration bewertet werden. Des Weiteren ist es wichtig, dass bei den öffentlich-rechtlichen Medien die Führungspositionen nicht nach parteipolitischen Prinzipien besetzt werden. Diese Regel muss auch für alle anderen staatlichen und halbstaatlichen Organisationen und Institute gelten. Zur besseren Bewertung der Kommentare in den Medien mag es sinnvoll sein, dass das Publikum erfährt, welcher Partei der Verfasser nahe steht.

Der Begriff „Sozialstaatsprinzip" sollte durch den Begriff „Solidarstaatsprinzip mit Eigenverantwortung" ersetzt werden, denn der Sozial-Begriff vermengt immer Geldbesitz und zwischenmenschliches Verhalten. So wird auch bei „wirtschaftlich Schwachen" von „sozial Schwachen" geredet; obwohl es sich um völlig verschiedene Sachverhalte handelt. Der Begriff „sozial" sollte immer nur für zwischenmenschliche Beziehungen benutzt werden. Sozialhilfe ist nicht die Versorgung mit Geld und Sachmitteln, sondern das muss eine Betreuung durch Sozialarbeiter sein, um den Menschen zu helfen, damit sie ihr Leben selbst meistern können. Ein weiteres Begriffspaar, wodurch Menschen besonders diskriminiert werden, ist: Wohlfahrt oder Wohlfahrtsstaat – dem haftet der Geruch von Almosen an. Die Methode, mit der Sprache Sachverhalte zu verdrehen oder zu verschleiern und zu verniedlichen, kann an vielen Stellen beobachtet werden. Beispielsweise wird bei Mitarbeiterentlassung von Freistellung bzw. Freisetzung geredet. Als wären diese Menschen froh, jetzt endlich Zeit für Müßiggang zu haben, damit sie nun den Staat parasitär ausbeuten können. Mit derartiger Verbalkosmetik soll immer wieder Kreativität vorgetäuscht werden.

Ein anderes Beispiel ist die immer wiederkehrende Polemik mit dem Neid, der Umverteilung sowie der Eigenverantwortung. Damit sollen die wirtschaftlich Schwachen eingeschüchtert werden. Gerechtigkeit bedeutet nicht Gleichheit. Sie bedeutet, gleiche Teilhabe an den Staatskosten und den Bildungsmöglichkeiten, und zwar entsprechend dem eigenen Leistungsvermögen. Von der erforderlichen solidarischen Belastung, die der Staat für alle Schichten nach dem gleichen Grundsatz schaffen muss, soll beispielsweise mit dem Schlagwort „Eigenverantwortung" abgelenkt werden. Es wird nämlich nicht – wie immer behauptet – von den „kleinen Leuten" eine Gleichmacherei bei den Einkommen angestrebt, sondern eine der Leistungsfähigkeit des Einzelnen entsprechenden gerechten Verteilung der Belastung durch die Staatskosten. Darum sollte richtiger nicht von Neidkultur, sondern von der Gier der Starken geredet werden.

In diesem Kontext kann man im „Stern" lesen, dass die 30 DAX-Unternehmen im Jahre 2004 mit 62 Milliarden den höchsten Gewinn ihrer Geschichte gemacht haben. Trotzdem kürzen sie Löhne und verlängern die Arbeitszeit, und außerdem finden Entlassungen statt. Die Unternehmen fordern von der Regierung immer weitere

Abgabenentlastungen, gleichzeitig verlagern sie aber Arbeitsplätze ins Ausland. Da muss man doch mit Fug und Recht vom Ungeist der „Gier-Kultur" des Kapitals reden! Die Einkommen sind ja unter anderem von den Fähigkeiten und dem Geschick jedes Einzelnen abhängig; das wird auch von den wirtschaftlich Schwachen so gesehen.

In unserer Bürokratie herrscht noch das Obrigkeitsdenken des 18. Jahrhunderts. Danach sind alle Handlungen Amtsgeheimnisse der Obrigkeit, die das Volk angeblich nichts angehen; diese Sichtweise ist jedoch höchst undemokratisch. Denn hier sind nicht der Fürst und die Obrigkeit, sondern die Bürger der Souverän, dem das Kontrollrecht zusteht. Deshalb darf es auch keine Akten geben, deren Inhalte den Bürgern nicht zugänglich sind; eine begrenzte Ausnahme könnten Akten zur inneren und äußeren Sicherheit sein.

Auch Verträge zwischen der Bürokratie und der Privatwirtschaft müssen öffentlich sein. Für Abgeordnete und Journalisten muss es das uneingeschränkte Recht geben, alle Akten einzusehen. Erstere müssen sich darüber informieren können, was die Regierung und die Staatsbeamten tun, und wie sie es tun. Wichtig ist auch zu wissen, durch wen sie „beraten" werden. Die Journalisten müssen das Volk über alles, was im Staate geschieht, informieren können. Das ist für das Vertrauen und die demokratische Kontrolle durch das Volk besonders erforderlich.

Eine neue Verfassung muss durch Volksentscheid wirksam werden – aber nicht durch Länder- und Parteifürsten oder das Parlament.

Änderung der Steuerpolitik

Jetzt werden Steuern durch viele, oft sehr komplizierte Berechnungen erhoben. Die Steuergesetze erhalten damit einen wissenschaftlichen Anstrich, der Gerechtigkeit vortäuscht. In Wirklichkeit können die dominanten Gruppen die Gesetze aber so gestalten, dass immer – genau wie früher – die „Niederen" die Lasten zu tragen haben. Der Verwaltungsaufwand ist bei den Steuerbehörden durch die komplizierten Gesetze sehr hoch; und bei den Steuerpflichtigen kann der große Aufwand nur mithilfe speziell ausgebildeter Steuerberater bewältigt werden. Die Steuerlast wird durch diese komplizierten Regeln sowohl bei staatlichen Stellen als auch bei den Steuerpflichtigen noch zusätzlich in die Höhe getrieben und undurchschaubar gemacht.

Die Lohn- und Einkommenssteuer ist schon darum nicht gerecht, weil die Steuersätze immer durch die vorherrschenden Gruppen festgelegt werden. Dass diese Steuer oft ungerecht ist, haben inzwischen selbst Politiker erkannt! Oder wie soll man es verstehen, dass jetzt für „Reiche" eine Zusatzsteuer diskutiert wird? Zwar ist der Einkommenssteuersatz progressiv, sodass der prozentuale Steuersatz mit dem Einkommen steigt; aber je höher das Einkommen ist, desto leichter kann die Steuerschuld – ganz legal – „heruntergerechnet" werden. So können auch Verluste aus Gewerbetätigkeiten und Spekulationen steuermindernd eingesetzt werden – ja sogar die Verlegung der Arbeitsplätze ins Ausland vermag ein Unternehmen steuermindernd geltend zu machen!! Jede unternehmerische Aktivität muss aber das Ziel haben, Gewinne zu erwirtschaften! Wie allgemein bekannt ist, liegt darin auch immer ein Verlustrisiko. Das hat man jedoch selbst zu tragen, und darum dürfen diese Verluste nicht von der Allgemeinheit durch Steuerminderung ausgeglichen werden. Was ja bedeutet: Alle Gewinne sind Privatsache, aber die Verluste sind gefälligst von der Allgemeinheit zu tragen. Verluste müssen jedoch ein Grund sein, die Tätigkeit der Führungskräfte zu überprüfen und diese notfalls auszuwechseln.

Ein ganz besonders krasses Beispiel ist die Forderung von Vodafone, den Verlust aus dem Mannesmannkauf in Milliardenhöhe steuermindernd geltend zu machen. Bei Immobilien ist es ähnlich: Mit Verlusten werden Steuern gemindert und der Volkswirtschaft wird auch noch mit leerstehenden Gebäuden geschadet.

Bei der Mehrwertsteuer, die nach rein wirtschaftlicher Betrachtung eine Verbrauchssteuer darstellt, handelt es sich in ihrer Wirkung – im Gegensatz zur progressiven Einkommensteuer – um eine degressive Steuer. Je geringer das Einkommen ist, desto vollständiger muss es für den Konsum aufgewandt werden; also müssen die wirtschaftlich Schwächsten gegenüber den Starken den größeren Prozentsatz ihres Einkommens für die Mehrwertsteuer aufbringen. Diese ungerechte Degression ist geschickt hinter den einheitlichen Mehrwert-Steuersätzen versteckt. Das bedeutet: Die Mehrwertsteuer birgt ein Höchstmaß an Ungerechtigkeit bei der Besteuerung zwischen Armen und Reichen. Darum ist es auch kein Wunder, wenn aus der Wirtschaft – getreu der alten Volksweisheit: „Es ist leicht, von anderer Leute Leder Riemen zu schneiden" – gefordert wird, die Mehrwertsteuer zu erhöhen und andere Steuern und Abgaben – möglichst solche, die nur Unternehmen betreffen – zu senken. Natürlich wird das dann so begründet, dass damit Arbeitsplätze im Land geschaffen würden, während man dem Volk mit fragwürdigen Argumenten vielstimmig einbläut, es gäbe keine Alternativen dazu.

Seit mindestens zwanzig Jahren ist die Tendenz zu beobachten, dass die entlastenden Gesetze überwiegend für die Wirtschaft gemacht werden. Ein immer größerer Anteil der Staatsausgaben wird – entsolidarisierend – vom Besitzbürgertum, das heute über das Kapital und die Produktionsmittel verfügt, auf die abhängig Beschäftigten verlagert. Das geht so weit, dass ablaufbedingte Wartezeiten, deren Kosten zum Unternehmerrisiko gehören, auf die Arbeitnehmer abgewälzt werden (wie bei den Reinigungskräften in Hotels). Diese Tendenz hat mit der „Agenda 2010" und den „Hartz-Gesetzen" ihren bisherigen Höhepunkt gefunden. Die

Politik muss aber zuerst für die Menschen gemacht werden! Das dient der Wirtschaft dann zwangsläufig.

Die Politik muss dort energisch einschreiten, wo der Staat oder Schwächere ausgebeutet werden. Was zu dem Zweck von der Politik als erforderlich erkannt wird, sollte mit Gesetzen zu Recht erhoben, aber nicht als „Bitte" mit der Wirtschaft in einem „Pakt" vereinbart werden. Vor allem muss bewusst werden: Nur durch die Wechselbeziehung zu anderen Menschen kann Reichtum erworben werden! Daraus ergibt sich auch die Pflicht zur Solidarität aller.

Die Einkommens- und Lohnsteuer sowie die Mehrwertsteuer und viele der sogenannten Bagatellsteuern könnten entfallen. Die Bagatellsteuern verursachen in Relation zum Steueraufkommen einen zu großen Verwaltungsaufwand. Als Ersatz sollte eine Steuer eingeführt werden, die an ihrem Nutzen aus der Volkswirtschaft gemessen wird, denn: Ohne die Volkswirtschaft – also ohne andere Menschen – kann niemand Reichtum anhäufen. Dabei muss für jeden Nutzen der gleiche steuerliche Prozentsatz gültig sein, gleichgültig ob dieser Nutzen aus Vermögen, Spekulation, Verkauf, Vermietung, Verpachtung, Dienstleistung, gewerblicher Arbeit, Besoldung der Beamten und anderer Staatsdiener, Rente, Erbschaft, Schenkung oder Hilfe für den Lebensunterhalt kommt.

Als einzige Ausnahme darf diese Steuer nicht bei den Beträgen anfallen, die an arbeitsfähige Arbeitslose zur Auszahlung kommen. Dadurch wird in der gesamten Gesellschaft ein Anreiz geschaffen, Schwarzarbeit zu verhindern und möglichst jeden, der arbeitsfähig ist, in einen dauerhaften, die Familie ernährenden Arbeitsplatz zu bringen. Die frei werdenden Finanzbeamten können dann, bis sich jeder an die neuen Steuerregelungen gewöhnt hat, als Steuerprüfer eingesetzt werden.

Mit einer derartigen Regelung kann jeder Einzelne aktiv dazu beitragen, die Steuer zu senken; indem er nämlich Arbeit leistet oder anbietet. Diese Steuer, die man „Solidaritätssteuer" nennen könnte, darf jedoch nicht abwälzbar oder anrechenbar sein.

Die Steuerlast senkt man zusätzlich auch dadurch, dass die „Solidaritätssteuer" nach einfachen Gesetzen berechnet wird: Von jedem Nutzen aus dieser Volkswirtschaft wird der gleiche Prozentsatz als Quellensteuer an den Staat abgeführt! Damit dürfte diese Steuer für alle Menschen durchschaubar und der Verwaltungsaufwand, sowohl bei den Steuerpflichtigen als auch bei den Steuerbehörden, ganz beträchtlich verringert werden. Die mit der Steuererklärung entstehenden Ausforschungen des Einzelnen können ganz entfallen. Die „Solidaritätssteuer" macht obendrein die individuelle Steuererklärung überflüssig.

Die Gewerbe- und die Körperschaftssteuer können abgeschafft werden. Denn da auch alle Unternehmen aus den Unternehmensumsätzen die Solidaritätssteuer zahlen, brauchen diese Steuern nur nach einem sinnvollen Schlüssel aufgeteilt werden, was wiederum zu einer abermaligen Reduzierung der wirksamen Steuerlast führt.

Der Arbeitgeber muss Steuerschuldner für die Bezahlung aus der geleisteten Arbeit sein. Er muss die „Solidaritätssteuer" aus jedem Arbeitsentgelt – gleichgültig ob es Lohn, Gehalt, Gage oder Honorar heißt – an das Finanzamt abführen. In der Regel ist nicht zu erwarten, dass man sich der Strafverfolgung aussetzt, nur weil die Steuern eines anderen nicht abgeführt werden. Bei Kapitalerträgen, wie beispielsweise Zinsen, werden die Steuern schon jetzt als Quellensteuer von den Banken abgeführt. Die Solidaritätssteuer ist eine reine Quellensteuer mit geringem Verwaltungsaufwand.

Die jetzige Mehrwertsteuer wird in Unternehmen so berechnet, dass die mit dem Wareneinkauf bereits an den Lieferanten gezahlte Mehrwertsteuer von der eigenen Steuerschuld abgezogen wird; es ist immer nur die Differenz bis zum vollen Steuersatz zu zahlen. Nur der Endverbraucher zahlt immer den vollen Mehrwertsteuersatz.

Die „Solidaritätssteuer" wird nicht vom Verbrauch, sondern vom Nutzen aus der Volkswirtschaft berechnet; dadurch vermeidet man die ungerechte Degression der Mehrwertsteuer. Die Einkäufe der Unternehmen werden vom Verkaufspreis abgezogen; allerdings nur wenn der Lieferant für seine Ware die „Solidaritätssteuer" bereits bezahlt hat. Die betrieblichen Arbeitslöhne sind voll und die Betriebsanlagen entsprechend einem Verteilungsschlüssel abziehbar. Dadurch wird es möglich, die Unternehmen, die ihre Produktion in Billiglohnländer verlegen, mit der „Solidaritätssteuer" auch an den hiesigen Staatskosten zu beteiligen.

Bei Zahlungen in das Ausland fällt die „Solidaritätssteuer" ebenfalls an, sie ist dann von der Bank bzw. dem Zahlenden als Steuerschuldner abzuführen. Diese Fälligkeit ergibt sich daraus, dass der Nutzen aus dieser Volkswirtschaft der Binnenkaufkraft entzogen wird. Das ist wie bei jedem Organismus: Der innere Kreislauf muss stabil gehalten werden.

Nach den bisherigen Erfahrungen muss bei Barschecks und Barauszahlungen zunächst davon ausgegangen werden, dass diese Gelder in unerlaubte Kanäle fließen, damit wird die Solidaritätssteuer fällig. Es könnten etwa 50 000 € pro Jahr vom Verwendungsnachweis freigestellt und somit auch nicht als Schwächung des inneren Kreislaufes zusätzlich in die Solidaritätssteuer einbezogen werden. Die „Solidaritätssteuer" stellt ein wirksames Instrument der Regierung dar, den Staat vor der Ausplünderung durch die Globalisierung zu schützen. Allerdings kann es erforderlich sein, bei international tätigen Unternehmen branchenbezogen einen kalkulatorischen Mindestnutzen anzusetzen.

Diese „Solidaritätssteuer" kann nicht von Mehrheiten manipuliert werden; und da sie aus dem Staatsbedarf errechnet wird, braucht die Regierung keine weiteren Schulden anzuhäufen – im Gegenteil: Die Schulden können abgebaut werden. Die nächste Generation wird dann nicht mehr mit Schulden belastet. Die Gerechtigkeit innerhalb der Gesellschaft ergibt sich automatisch daraus, dass jeder entsprechend seiner wirtschaftlichen Leistungsfähigkeit gleichermaßen in Anspruch genommen wird.

Der Staatsbedarf lässt sich zuverlässig aus den Aufgaben des Staates ermitteln. Das sind hauptsächlich jene für die innere und äußere

Sicherheit, Kinderbetreuung, Bildung und Ausbildung, Solidaritäts-
ausgaben für den Lebensunterhalt der Kranken, Behinderten und
Rentner sowie anderer Bedürftiger und die jetzigen Arbeitgeberbeiträge für die Sozialversicherungen. Auch die Rundfunk- und
Fernsehgebühren für die öffentlich-rechtlichen Rundfunkanstalten
gehören zum Staatsbedarf, weil sie, wie die Mehrwertsteuer, kleine
Einkommen höher belasten als große.
Durch die „Solidaritätssteuer" werden die Lohnnebenkosten praktisch abgeschafft. Mit ihrer Beseitigung hilft man bei der Schaffung
von Arbeitsplätzen auch dadurch, dass die Schwelle für den Ersatz
der Arbeitskräfte durch Maschinen höher gesetzt wird. Außerdem
ist die Staatsverschuldung einschließlich der Schuldzinsen damit zu
tilgen. Dann braucht der Staat nur noch die „Solidaritätssteuer"
als Staatserhaltungssteuer sowie „Anreizsteuern", die in der Gesellschaft politisch gewollte Anreize geben, etwas zu tun oder zu
unterlassen. Schäden und Belastungen, die der Gesellschaft durch
ein Verhalten entstehen, sind durch Anreizsteuern oder Gebühren
von den Verursachern zu bezahlen.
Exemplarisch sollen die Tabak- und die Alkoholsteuer als politische
Anreizsteuern genannt werden; allerdings muss man bei der Steu-
erhöhe darauf achten, dass anstatt des gewünschten Anreizes nicht
Steuerhinterziehungen durch Schmuggel gefördert werden. Diese
vorgenannten Steuern müssen den gesetzlichen Krankenkassen zu-
fließen, um die Allgemeinheit von den Kosten für diese selbst her-
beigeführten Gesundheitsrisiken zu entlasten. Dementsprechend
müssen auch andere Anreizsteuern so verwendet werden, dass
die Allgemeinheit von zusätzlichen Belastungen befreit wird.
Auch die Kraftfahrtsteuer – zum Erhalt und Ausbau der Verkehrs-
netze – ist eine politische Steuer. Allerdings müsste sie in eine Gebühr umfunktioniert werden; dann können auch solche Fahrzeuge
an den Straßenkosten beteiligt werden, die nicht in Deutschland
angemeldet sind. Wegen der höheren Verwaltungskosten müsste
z. B. ein Vierzigstel der Jahresgebühr für eine Woche gültig sein.
Die Höhe dieser Gebühr hängt dann unmittelbar vom Bedarf für

den Straßenverkehr ab und kann nicht für andere staatliche Aufgaben eingesetzt werden. Auch die Mineralölsteuer kann dann auf die Höhe reduziert werden, die nicht durch die Gebühr abgedeckt ist. Infolgedessen kann das gesamte Preisniveau im Lande gesenkt werden. Es ist ja allgemein bekannt, dass durch den Verkehr auch ökologische Schäden und Belastungen für die Allgemeinheit entstehen. Hierin liegt auch ein Grund, die Ökosteuer beizubehalten, um damit die durch den Verkehr entstehenden ökologischen Belastungen auszugleichen.

Alle Unternehmen können durch die Solidaritätssteuer ihre Preise spürbar senken; das sind in erster Linie die lohnintensiven – überwiegend in Handwerk, Einzelhandel und Dienstleistungen –, die ja vorwiegend vom Binnenmarkt abhängig sind. Mit diesen Preissenkungen erfolgt eine Verstärkung der Kaufkraft, und somit eine Verbesserung der Binnennachfrage; die internationale Wettbewerbsfähigkeit der gesamten Wirtschaft wird verbessert. Allerdings dürfte es erforderlich werden, mit Gesetzen die Preissenkungen vorzuschreiben und die Befolgung der Gesetze zu kontrollieren. Wenn dann mehr Gewinne erwartet werden können, ist der Anreiz zum Entstehen neuer Arbeitsplätze in Deutschland gegeben.

Der Mindestbedarf in der solidarischen Demokratie

In einem solidarischen Staatswesen hat die gesamte Gesellschaft die Pflicht, dafür zu sorgen, dass – am Lebensstandard gemessen – kein Mitglied des Volkes Not leiden muss. Wenn heutzutage häufig die Lebensumstände in verschiedenen Ländern miteinander verglichen werden, um damit zu zeigen, wie gut es den Armen in Deutschland geht, ist das – weil Äpfel mit Birnen verglichen werden – pure Augenwischerei. Die statistischen Ämter können jährlich, entsprechend dem herrschenden Lebensstandard des Landes, den erforderlichen Mindestbedarf für den Lebensunterhalt berechnen, womit dieser dem parteiideologischen Kalkül entzogen wird.

In diesem Mindestbedarf muss sowohl der ausreichende Bedarf an Lebensmitteln als auch die Kosten für eine angemessene Wohnung mit den dazugehörigen Kosten für Wasser- und Energieversorgung enthalten sein. Auch die angemessene Teilhabe an kulturellen, informativen, sportlichen und unterhaltenden Veranstaltungen und die Mitgliedschaft in Vereinen sowie die Kosten für Mobilität müssen Berücksichtigung finden. Bei Kindern sollten außerdem die Kosten für deren Betreuung, Bildung, Ausbildung und gesellschaftliche Integration eingerechnet werden, wie zum Beispiel schulische Klassenfahrten und Lernmittel sowie Schul- und Kindergartenessen und die Kosten der Mitgliedschaft in Vereinen einschließlich erforderlicher Kleidung und Geräte.

Der Mehrbedarf für Behinderte muss fair nach dem erforderlichen Bedarf entsprechend der Behinderung einbezogen werden. Das ist nicht Wohlfahrt, sondern Solidarität!

Nicht alle Menschen können so haushalten, dass sie mit dem Mindesteinkommen schuldenfrei umgehen. Darum ist es erforderlich, diese durch Sozialarbeiter zu betreuen. Leider verfallen viele Menschen in hilfloser Aussichtslosigkeit dem Alkohol und geraten dadurch auch leicht in die Familienzerrüttung und Obdachlosigkeit; aber für ein Land wie Deutschland ist es eine Schande, wenn Menschen so allein gelassen werden, dass sie sogar ohne Obdach auf der Straße leben müssen. Es liegt im Aufgabenbereich des Solidarstaates, auch für die Schwächsten bezahlbare Wohnungen zu schaffen.

Durch eine mangelhafte Solidarität entsteht für die Volkswirtschaft ganz erheblicher Schaden. Außerdem dürfte es besser sein, Sozialarbeiter – die dann ja auch noch Steuern zahlen würden – zu beschäftigen, als Gefängnisse zu bauen, die zusätzlich erhebliche Kosten verursachen.

Wirtschaft in der solidarischen Demokratie

Wegen des immer größer werdenden Kapitalbedarfs der Unternehmen wird es auch dauerhaft erforderlich sein, dass es Kapitalgesellschaften gibt. Auch hier ist in einer solidarischen Republik mehr Demokratie erforderlich. So müssen Kapital und Arbeit gleichrangig am Erfolg der Unternehmen teilhaben, denn für den Erfolg sind beide erforderlich!

Das jetzige Stimmrecht ist nicht demokratisch und entspricht eher dem preußischen Dreiklassenwahlrecht: Wer viele Anteile hat, bekommt viele Stimmrechte. Dadurch werden die Kleinanleger den großen Anteilseignern ausgeliefert und ganz massiv benachteiligt. Beispielsweise auch durch sogenannte feindliche Übernahmen.

Ein Stimmrecht nach den solidarischen Demokratievorstellungen könnte folgendermaßen aussehen: Jeder, der einen Anteil an einem Unternehmen hat – ob natürliche oder juristische Person –, erhält unabhängig von der Anteilsmenge eine Stimme für das demokratische Festlegen einer Unternehmensverfassung (Satzung). Dieses Stimmrecht darf nicht davon abhängen, ob jemand Stamm- oder Vorzugsaktien besitzt. In dieser Satzung werden insbesondere alle Rechte und Pflichten des Aufsichtsrates festgelegt; dazu gehören auch die Regeln für seine Wahl und Abwahl sowie dessen Bezahlung. Es ist zu regeln, ob bisherige Vorstandsmitglieder überhaupt in den Aufsichtsrat gewählt werden dürfen und ob die Tätigkeit in weiteren Aufsichträten erlaubt ist. Dort muss auch vorgeschrieben werden, nach welchen Kriterien der Aufsichtsrat die Bezüge des Vorstandes festlegen kann und ob er darüber hinaus noch weitere Zuwendungen an das Management ausschütten darf. Die Haftung und die Beteiligung an den Unternehmensverlusten durch Vorstand und Aufsichtsrat sind dort festzuschreiben. Die Beseitigung der durch mögliche Korruption entstehenden Schäden muss dort auch in Bezug auf Management und Aufsichtsrat geregelt werden. Ebenso deren Beteiligung an den Unternehmensgewinnen und insbesondere wie den Anteilseignern Rechenschaft zu geben ist.

Zurzeit wird überall gefordert, dass bei den Kapitalgesellschaften die Bezüge der Unternehmensmanager veröffentlicht werden sollen. Nur: Wen geht das etwas an? Das ist keinesfalls eine Angelegenheit der Politiker, sondern es geht nur die Eigentümer der Unternehmen an, denn die müssen die Bezüge bezahlen. Von den Politikern wird mit dieser populistischen Forderung nur davon abgelenkt, dass es ihrem Aufgabenbereich obliegt, mehr Demokratie per Gesetz in die kapitalistischen Strukturen der Unternehmen zu bringen. Außerdem erscheint es doch sehr fragwürdig zu sein, ob die Forderungen nach einer Veröffentlichung privater Daten – womöglich noch per Gesetz – nicht gegen die Persönlichkeitsrechte und den Datenschutz verstoßen.

Es ist viel wichtiger, die Gesetze von der Politik so auszugestalten, dass besonders Kleinanleger nicht ausgebeutet werden können. Die Politik hat vorwiegend die Aufgabe, die Rahmenbedingungen für Kapitalgesellschaften so zu gestalten, dass dort demokratische Strukturen herrschen und die abhängig Beschäftigten nicht erpresst werden können.

Leider muss auch immer wieder festgestellt werden, dass Unternehmen bestehende Gesetze ignorieren. Besonders schlimm ist es, wenn zulasten der Allgemeinheit die wichtige Ressource Grundwasser unberechtigt entnommen wird. Das ist Diebstahl am Volk und muss hart bestraft werden. Die zwingende Folge muss darin bestehen, die Brunnen auf Kosten des Diebes für immer zu versiegeln. Es ist auch falsch, die lebenswichtige Ressource Trinkwasser zu privatisieren. Das Wasser gehört der Allgemeinheit und muss, weil es nicht beliebig vermehrbar ist, der Spekulation entzogen werden.

Subventionen in der solidarischen Demokratie

Subventionen gehören nicht in die freie und solidarische Marktwirtschaft, sondern in die Planwirtschaft. Der freie Wettbewerb wird damit zulasten der Gesellschaft für die Begünstigung Einzelner oder einzelner Gruppen verzerrt. Wenn aus politischen Gründen ein Produkt oder ein Verfahren subventioniert werden soll, so darf das nicht einseitig zur Bereicherung des Subventionierten geschehen. Auch nicht, wenn die Subvention als Förderung bezeichnet wird. So könnten solche Mittel – wie Risikokapital – nur dann nicht rückzahlbar sein, wenn der wirtschaftliche Erfolg ausbleibt. Der Misserfolg muss angesichts der Betrugsmöglichkeiten genau überprüft werden. Bei Erfolg sollte der ganze Betrag einschließlich Zinsen und einer angemessenen Gewinnbeteiligung an den Staat zurückgezahlt werden. Vor allem muss ausgeschlossen werden, dass subventionierte Produktionen ins Ausland verlagert werden.

Findet eine Subventionierung der teuer zu fördernden Steinkohle mit Unsummen statt, ist das aus zwei Gründen fragwürdig. Die jetzt aktive Generation wird mit den Zahlungen belastet und den nachfolgenden Generationen fehlen die Bodenschätze dann, wenn die Kohle so knapp geworden ist, dass sie mit Gewinn gefördert werden kann, weil sie als Rohstoff für die Herstellung technischer Produkte gebraucht wird. Um die Technik der Kohleförderung jedoch weiterhin zu beherrschen, sollten weiterhin wenige Bergwerke mit geringer Fördermenge und unterschiedlichen Förderbedingungen betrieben werden.

Bei der Atomenergie haben wir eine Technik, mit der im Störfalle ganze Regionen vernichtet werden. Für Generationen würde das Land verseucht und Kinder geschädigt geboren. Außerdem maßen wir uns an, den nachfolgenden Generationen über Jahrtausende hinweg einen schädlichen Müll zu hinterlassen. Für die Politik muss es jedoch in allen Bereichen die vorrangige Aufgabe sein, dass das Volk weder ausgebeutet noch wegen Gewinnbestrebungen gesundheitlichen Risiken ausgesetzt wird. Darum ist es wichtig, dass geforscht wird, wie der atomare Müll in ungefährliches Material umgewandelt werden kann.

Bei der Landwirtschaft ist der Subventionsdschungel noch ausgeprägter und bedarf besonders dort einer gründlichen Bereinigung, wo die Subventionen überwiegend in die Industrie und die Überproduktion fließen. Die Landwirtschaft sollte sich auch ihrer Verantwortung für die Volksgesundheit bewusst sein. Das ist besonders wichtig bei der artgerechten Tierhaltung und Fütterung sowie beim Anbau genmanipulierter Pflanzen für die Nahrungskette.

Allerdings wird eine kluge Gesetzgebung durch mächtige Lobbyisten in der Landwirtschaft behindert. Lobbyisten sollten überhaupt nur dann Gehör finden, wenn sie nachvollziehbar und glaubwürdig öffentlich darlegen können, welchen Nutzen die Allgemeinheit aus ihren Forderungen ziehen kann. Wir brauchen Artenvielfalt und damit auch eine Produktvielfalt, die sicher nur aus kleineren Betriebsgrößen kommen kann, aber nicht aus der jetzt überall herrschenden Gigantomanie mit den unübersichtlichen Unternehmen. Darum wird es für die Landwirtschaft richtig sein, die Selbstvermarktung nicht nur über Hofläden in die Hand zu nehmen, sondern sich auf Raiffeisen zu besinnen und die Weiterverarbeitung ihrer Erzeugnisse genossenschaftlich zu betreiben. Wenn dadurch von den Bauern ein höheres Einkommen erwirtschaftet werden kann, haben sowohl die Verbraucher als auch der Staat – von dem dann nicht dauernd Subventionen gefordert werden – einen Vorteil. Wenn überhaupt staatliche Hilfen geleistet werden, dann sollte auch hier die Bedürftigkeit an der Pflichtversicherungsgrenze der Arbeitnehmer gemessen werden. Diesem Einkommen ist in der Landwirtschaft noch ein Bedarf für Betriebsmittel und deren Instandhaltung hinzuzurechnen. Diese Hilfen müssen degressiv gestaffelt bis zur vorgenannten Einkommensgrenze gezahlt werden. Kapitalistische Großbetriebe besitzen so viel Wirtschaftskraft, dass sie keiner solidarischen Hilfe bedürfen. Dagegen sind bei bäuerlichen Landwirtschaftsgenossenschaften die erwirtschafteten Gewinne für die Ermittlung der erforderlichen Hilfen durch die Anzahl der Genossen zu teilen.

So kann es auch für die Allgemeinheit sinnvoll sein, überschüssige Flächen stillzulegen und den Bauern die Pflege dieser Flächen zu bezahlen. In Wettbewerben können dann Fachleute und Hochschulen Vorschläge ausarbeiten, um zusammenhängende Biotope zur Förderung der Artenvielfalt zu schaffen. Daraus können dann gleichzeitig Erholungsgebiete für die Bevölkerung entstehen. Spätestens bei Eigentümerwechsel sollte der Staat alle Gebiete aufkaufen, die geeignet erscheinen, Hochwasser in den Städten und Dörfern zu verhindern. So kann der volkswirtschaftliche Schaden, der durch die Überflutung entsteht, vermieden werden.

Allerdings sieht sich die Landwirtschaft einem Risiko ausgesetzt, das mit dem allgemeinen Gesundheitsrisiko aller Menschen vergleichbar ist: das Wetter. Darum sollte eine Versicherung gegen wetterabhängige Ernteausfälle mit den gleichen Einkommensgrenzen und Bedingungen wie bei abhängig Beschäftigten gegen Krankheit bestehen.

Arbeit in der solidarischen Demokratie

Mit Statistiken wird immer zu beweisen versucht, dass die Jahresarbeitszeit des Einzelnen in Deutschland zu kurz sei. Die Produktivität der Arbeit wird dazu allerdings verschwiegen – sie passt ja auch nicht in das Konzept, die Löhne zu senken. Politiker jubeln, weil sie es erreicht haben, die staatlichen Arbeitskräfte – ohne Bezahlung – länger arbeiten zu lassen. Dass sie damit negatives Vorbild und die Rechtfertigung für Lohnkürzungen der Wirtschaft sind, fällt ihnen offensichtlich nicht auf! Was soll man wohl davon halten?

In Deutschland wird tatsächlich zu wenig gearbeitet! Aber nicht von denjenigen, die noch Arbeit haben und immer mehr zu unbezahlter Mehrarbeit genötigt oder erpresst werden, sondern von der Gesamtgesellschaft. Viele Menschen werden wegen Managerfehlern oder für die Gewinnmaximierung in die Arbeitslosigkeit gebracht und dadurch auch ihrer Würde beraubt. Gleichzeitig bürdet die hohe Arbeitslosigkeit dem Staat eine große Belastung auf. Bei dem Versuch, die Arbeitslosigkeit zu beherrschen – nicht abzuschaffen –, wurden die 400-Euro-Jobs geschaffen. Davon kann jedoch keine Familie leben. Die Folge ist: Reguläre Vollzeitarbeitsplätze, bei denen auch Beiträge in die staatlichen Kassen fließen würden, werden in 400-Euro-Jobs aufgesplittet. Diese 400-Euro-Jobs dienen nur als eine staatliche Hilfe für die Gewinne der Unternehmen.

Auch die sogenannten 1-Euro-Jobs – die nach Hartz IV eingeführt wurden – können das Problem nicht lösen. Soweit nur die öffentlichen Bedürfnisse ohne Gefährdung regulärer Arbeitsplätze mit 1-Euro-Arbeitskräften versorgt werden, mag das heute für eine sehr begrenzte Zeit hinnehmbar sein; aber sie können auch zur Wettbewerbsverzerrung führen. So wurde im Fernsehen berichtet, dass schon gleich nach dem ersten Monat reguläre Vollzeitarbeitsplätze und Unternehmen in Existenznot geraten sind.

Allerdings ist die Regierung mit der Namensgebung „Hartz-Gesetze" in diesem Fall wenigstens so ehrlich, jedem klarzumachen, dass diese Gesetze anstatt von der Regierung und dem gewählten Parlament von einem Konzernmanager entwickelt wurden. Als Konzernmanager muss er aber nicht unbedingt das Wohl des Staates, sondern die Gewinnmaximierung des Konzerns als vordringlich ansehen. (Sonst würde er ja auch gegen die Treuepflicht gegenüber seinem Arbeitgeber verstoßen.) Darum können diese Gesetze nur so sein, wie sie sind: nämlich eine weitere Entfernung von der Solidarität aller Bürger des Landes.

Bei der peniblen Ausforschung der wirtschaftlichen Verhältnisse für das Arbeitslosengeld II, das nach „Hartz IV" Langzeitarbeitslosen gewährt wird, werden die Betroffenen vom Staate kriminalisiert. Wenn man dazu noch lesen muss, dass die Behörden sich nicht scheuen, den Menschen zu verbieten, ein Zimmer ihrer Wohnung zu benutzen, muss man sich zunächst fragen: Verzichtet der Vermieter auf die Miete oder zahlt die Behörde die Miete für das blockierte Zimmer direkt an den Vermieter? Ist das nun Willkür und ein Verstoß gegen das Grundgesetz, Artikel I Abs. I? *„Die Würde des Menschen ist unantastbar. Sie zu achten und zu schützen ist Verpflichtung aller staatlichen Gewalt."*

Man kann sich schon fragen: Wird davon ausgegangen, dass Langzeitarbeitslose eher die Möglichkeit haben, den Staat zu betrügen, als diejenigen, die an der Steuer vorbei Millionen in das Ausland verschieben? Der gleiche Eifer wie bei Arbeitslosen sollte auch bei jenen gezeigt werden.

Die Methode, Langzeitarbeitslosen nur das Existenzminimum zuzugestehen und sie zu zwingen, Arbeiten anzunehmen, die wesentlich unter ihrem Ausbildungsniveau liegen und schlechter bezahlt werden, ermuntert die Unternehmen dazu, die Löhne immer weiter zu drücken. Die Folge dieser Strategie ist: Der Anspruch auf die Höhe des Arbeitslosengeldes und der Rentenansprüche wird ständig gedrückt. Hinzu kommt noch, dass Langzeitarbeitlose, die ja überwiegend schon älter sind, auch gezwungen werden sollen, die Wohnung aus ihrem vertrauten Umfeld zu verlassen. Soll damit

die Knechtschaft aus früheren Zeiten wiederhergestellt werden?
Wie war das noch mit den rechtlosen Sklaven?

Für Arbeitslose, die länger als einen Monat ohne Arbeit sind, wird
es sinnvoll sein, dass sie an fünf Tagen der Woche von acht bis
siebzehn Uhr in Gruppen mit ähnlichem Bildungsstand von Sozialarbeitern betreut werden. Dadurch bleibt den einzelnen Personen ein strukturiertes Leben erhalten und der Passivität wird
entgegengewirkt. Den Sozialarbeitern werden die Menschen gut
bekannt und sie können so den Arbeitsvermittlern entsprechend
empfohlen werden.

Es heißt zwar, der Staat wolle fordern und fördern, aber mit der
Methode, nur Druck auf Arbeitslose auszuüben und sie zu nötigen,
für immer weniger Geld zu arbeiten, kann weder die Arbeitslosigkeit bekämpft werden noch kann damit der Staat auf Dauer
gesunden. Die Formel, dass niedrige Löhne mehr Arbeitsplätze
bedeuten, ist falsch! Es fehlt der Anreiz für die Gesellschaft – und
da besonders für die Unternehmen –, diesen Arbeitslosen neue
Arbeitsplätze zu verschaffen! Außerdem entsteht durch eine angemessene Zahlung an die Menschen, die der solidarischen Hilfe bedürfen, nicht nur ein Kostenfaktor, sondern auch zum Nutzen der
Konjunktur ein Rückkopplungseffekt. Im technischen Bereich ist die
Rückkopplung schon lange bekannt und wird dort auch immer mit
Erfolg zur Verstärkung eines positiven Effektes angewandt.

Der Anspruch auf Arbeitslosengeld könnte so geregelt sein, dass
für jeweils zehn Arbeitsjahre ein Jahr Anspruch entsteht. Bei geringerer Dauer der Arbeitstätigkeit jeweils ein Monat für ein Jahr. Das
gibt obendrein einen Ansporn, zuerst diejenigen zu vermitteln,
die schon lange gearbeitet haben – Ältere. Um unsinnige Weiterbildungen und Umschulungen zu vermeiden, sollte die Hälfte der
Kursgebühr vom Teilnehmer zurückgefordert werden. Damit wird
dann auch blinder Aktionismus der Vermittler verhindert, weil sich
Arbeitslose gegen unsinnige Maßnahmen wehren können.

Die vorherrschende Meinung, dass alles privatisiert werden muss,
ist ganz sicher falsch. Private Firmen, die Arbeitskräfte verleihen,

sowie private Arbeitsvermittler darf es nicht geben. Es kann nicht sein, dass von den Löhnen – die auch noch niedriger sind als normalerweise – nochmals Geld für die Gewinne solcher Firmen abgezweigt wird. Was ja bedeutet: Zwei Unternehmen verdienen an den Löhnen. Es liegt im staatlichen Interesse, dass die Menschen Arbeit finden, also muss es auch eine staatliche Aufgabe sein, Arbeit zu vermitteln. Anders ist es unzulässige doppelte Ausbeutung!!

Wenn es für die Unternehmen sinnvoll ist, Auftragsspitzen mit befristeten „Zeitarbeitern" aufzufangen, müssen dafür staatliche Stellen eingerichtet werden. Dann braucht der Kündigungsschutz auch nicht aufgeweicht zu werden. Man kann lesen, dass namhafte Unternehmen bis zu 40 Prozent der Belegschaft dauerhaft mit geringer bezahlten „Zeitarbeitern" besetzen. Das zeigt, dass mit der Bezeichnung „Zeitarbeiter" nur eine weitere Ausbeutungsmethode verschleiert wird. Diese privaten „Zeitarbeitsfirmen" müssen dringend abgeschafft werden, denn die Ohnmacht der Menschen darf nicht noch eine zusätzliche Gewinnquelle sein. Die Folge ist: Die abhängig Beschäftigten werden doppelt ausgebeutet und der Wettbewerb wird durch Subventionierung der Unternehmensgewinne verzerrt.

Die Behauptung steht immer im Raum, dass private Unternehmen Arbeit besser vermitteln können als die Arbeitsämter. Wenn dem so sein sollte, dann müssen unbedingt die Vermittler bei den Arbeitsämtern anders ausgebildet und eingesetzt werden! Finanzbeamte gehen doch auch in die Unternehmen, um die Steuerehrlichkeit zu prüfen. Ein Prämiensystem für Arbeitsvermittler könnte daraus gebildet werden, dass der Anspruch auf Arbeitslosengeld zur Vermittlungsschnelligkeit in Relation gebracht wird.

Gewerkschaften

Die Gewerkschaften nehmen in unserem demokratischen Staat
eine wichtige Funktion ein. Darum sollten sich abhängig Beschäftigte darin organisieren, anstatt diesen bei schwacher Konjunktur
den Rücken zu kehren und sie damit noch zusätzlich zu schwä-
chen.
Die Bestrebungen, dass statt der Flächentarifverträge mit dem jeweiligen Betriebsrat Einzelverträge für die Unternehmen geschlos-
sen werden, sind sicher falsch. Denn wie sollen abhängig Beschäftigte
auf Augenhöhe mit dem Unternehmer – von dem sie ja abhängig
sind – einen fairen Tarifvertrag abschließen können? So sollten Gewerkschaften und Unternehmerverbände weiterhin Flächentarifverträge miteinander vereinbaren. In den Mitgliedsunternehmen
hat der Vertrag dann für alle Arbeitnehmer Gültigkeit – unabhängig
davon, ob diese Gewerkschaftsmitglieder sind oder nicht. Unternehmen haben dagegen die Möglichkeit, Tariflöhne zu unterlaufen,
indem sie nicht dem Verband angehören. Das ist eine ungleiche
Behandlung der Arbeiter und der Unternehmer bei gleichzeitiger
Wettbewerbsverzerrung für die Unternehmen. Entweder muss der
Gesetzgeber festlegen, dass die Tarife sowohl für alle Arbeitnehmer
und alle Unternehmen einer Branche verbindlich sind oder diese
Tarife sind nur für die Mitglieder der jeweiligen Unternehmerver-
bände und Gewerkschaften gültig.
In den Tarifverträgen muss auch festgelegt werden, wie viele Ar-
beitsstunden den Mindestbedarf umfassen. Bei Vollzeitarbeit muss
erheblich mehr als der Mindestbedarf verdient werden. Auch bei
Stücklöhnen dürfen die ablaufbedingten Wartezeiten, die ja zum
Unternehmerrisiko gehören, nicht auf die Arbeitnehmer abgewälzt werden. Beispiel: Zimmermädchen in Hotels können ihre
Arbeit nicht verrichten, weil die Gäste die Zimmer noch nicht
verlassen haben.
Damit möglichst alle arbeitsfähigen Menschen ihren Lebensunterhalt selbst verdienen können, wird es erforderlich sein, die

Vollzeitarbeit an die Produktivität zu koppeln. Die Lohntarife sollten sich an den schwachen Unternehmen oder dem Mittelwert einer Branche orientieren.

Gleichzeitig könnte es sinnvoll sein, bei Kapitalgesellschaften Kapital und Arbeit als gleichgewichtige Wirtschaftsfaktoren zu behandeln, beispielsweise indem die Arbeit des Eigenkapitals mit dem Zinssatz der Bundesbank bezahlt wird und die menschliche Arbeit mit dem Lohn. Dann bilden die Jahreszinsen plus die Jahreslohnsumme die Arbeitskosten pro Wirtschaftsjahr. Der Gewinn des Wirtschaftsjahres ergibt sich aus dem Überschuss und den Rückstellungen. (Die Rückstellungen steigern den Wert der Kapitalanteile.) Wird dieser Gewinn durch die Arbeitskosten geteilt, erhält man den Gewinn pro Euro Arbeitskosten. Der kann dann auf die einzelnen Anteile verteilt werden. Mit dieser Gewinnbeteiligung werden alle Arbeitnehmer am wirtschaftlichen Erfolg des Unternehmens beteiligt, was gleichzeitig eine höhere Flexibilität der Lohnkosten bedeutet. Das erfordert allerdings auch, dass der Betriebsrat auf Kosten des Unternehmens die Bücher auf versteckte Gewinne prüfen lassen und die Ablösung weniger guter Führungskräfte verlangen kann. Kleinere Einzelunternehmen werden dann, um gute Arbeitskräfte zu bekommen, anstatt der Gewinnbeteiligung einen höheren Lohn als den Tariflohn zahlen.

Die Möglichkeit, bei schlechter Wirtschaftslage des Unternehmens, mit dem Betriebsrat die Stundung eines Teils des Lohnes für eine bestimmte Zeit zu vereinbaren, sollte im Tarifvertrag fest vereinbart werden. Damit wird in einer für beide Seiten fairen Anpassung die wirtschaftliche Lage des Unternehmens berücksichtigt. Wenn dann trotzdem die Insolvenz eintritt, muss der gestundete Lohn vorrangig aus der Konkursmasse gezahlt werden. Darüber hinaus sollte das gesamte Management für den Teil des gestundeten Lohnes, der nicht aus der Konkursmasse bezahlt wird, persönlich haftbar gemacht werden. Damit wird vermieden, dass Insolvenzen dazu benutzt werden, Arbeitnehmer um Lohnanteile zu betrügen.

Krankenversicherung in der solidarischen Demokratie

Als Bismarck ab 1883 die gesetzliche Krankenversicherung einführte und später auch die gesetzliche Rentenversicherung, hatte er schon das Erfordernis der Solidarität erkannt; allerdings meinte er aus seinem feudalistischen Staatsverständnis heraus nur die Solidarität derjenigen, die auch irgendwann auf diese Hilfe angewiesen sein könnten.

Die Solidarität der gesamten Gesellschaft ist in der gesetzlichen Krankenversicherung dringend erforderlich. Alle jüngeren Gesetze fördern die Entsolidarisierung und laden die Belastungen bei denjenigen ab, die eigentlich auf die solidarische Hilfe angewiesen sind – den Kranken. Jeder Einwohner dieses Landes sollte aus der Solidaritätssteuer den Anspruch auf einen Grundbeitrag zur gesetzlichen Krankenversicherung haben. Dieser Grundbeitrag kann aus den jetzigen Pflichtversicherungen errechnet werden. So kann der Mittelwert aus der jetzigen, für die Rentenversicherung gültigen Beitragsbemessungsgrenze als Grundlage dienen. Diese Grenze wird schon jetzt dafür angesehen, dass bis dahin solidarische Hilfen erforderlich sind.

Die Arbeitgeberbeiträge, die dann von der Solidaritätssteuer gezahlt werden, bilden den zweiten Faktor. Dafür könnte die Formel so aussehen:

$$\frac{VG \times AB}{2 \times PH \times 100} = GP$$

VG = Pflichtversicherungsgrenze der Rentenvers.
AB = Arbeitgeberanteile in Prozent vom Lohn
PH = mittlere Anzahl Personen je Versichertenhaushalt
GP = Grundbeitrag je Person

Mit dieser Regelung werden kleine Einkommen automatisch – ohne zusätzlichen Verwaltungsaufwand – entlastet. Diejenigen Krankenkassen, die überwiegend kleine Einkommen und große Familien versichern, könnten nicht in Zahlungsschwierigkeiten kommen, weil der personenbezogene Grundbeitrag immer über dem Beitragssatz von beispielsweise 12 Prozent läge. Bei alleinerziehenden Elternteilen müsste der Grundbeitrag für zwei Elternteile eingesetzt werden. Bei jungen Familien, die ja oft bei geringerem Einkommen einen größeren Konsumbedarf haben, wird Geld dafür verfügbar und die Binnenkonjunktur erhält Impulse.

Um Missbrauch zu verhindern, muss jedem gleich bei der Geburt eine Rentennummer zugeteilt werden. Die Anstalt, von der die Nummer ausgegeben wurde, muss dann lebenslang für alle Beiträge und Steuern sowie die Solidarleistungen des Staates – so auch für Kinder-, Erziehungs-, Arbeitslosengeld und Rente oder Studiengebühren – zuständig sein. Dann werden die jetzigen Steuerkarten überflüssig. Zwangsläufig wird dann von dieser Stelle kontrolliert, ob die Anforderungen von Grundbeiträgen durch die Krankenkassen berechtigt sind. Die Dauer einer Arbeitslosigkeit wird dort erfasst und kann für die Berechnung von Leistungsprämien bei der jeweiligen Vermittlungsbehörde benutzt werden. Damit wird vermieden, dass eine Kasse oder Behörde sich selbst kontrolliert.

Die Pharmaindustrie braucht natürlich auch Mittel für die Entwicklung wirksamerer Medikamente; allerdings darf sie nicht mit überhöhten Preisen die gesetzlichen Kassen ausplündern. Daher muss das mit marktwirtschaftlichen Methoden geregelt werden. Europa soll harmonisch zusammenwachsen; da bietet es sich an, dass die Regierung für die gesetzlichen Krankenkassen Rahmenverträge mit der Pharmaindustrie abschließt. Es dürfen nur solche Medikamente zugelassen werden, deren Preis aus dem Mittelwert aller europäischen Preise gebildet wurde. Außerdem wird die angestrebte Positiv-Liste dringend erforderlich. Leider wurde diese Liste bisher immer vergeblich gefordert, obwohl sie den Ärzten eine gute Hilfe bei der Verordnung wirksamer Medikamente wäre. Die Ärzte, die sehr aufwendig ausgebildet werden, müssen immer mehr Zeit für Verwaltungsarbeiten aufbringen. Dabei könnten alle Statistiken als Nebenprodukt bei der elektronischen Leistungsabrechnung von den Krankenkassen erzeugt werden.

Das gleiche Verfahren bietet sich auch für die Abrechnung medizinischer Leistungen an. Wenn den Ärzten von der Politik sowohl die Arbeitszeiten als auch die Menge der Verordnungen vorgeschrieben werden, dann ist das Planwirtschaft und gehört nicht in die Marktwirtschaft. Man kann vermuten, dass den Ärzten unterstellt wird, sie gingen trotz ihres Fachwissens nicht sorgfältig mit den Mitteln um. Da stellt sich auch die Frage: Müssen bei der elektronischen Datenverarbeitung die Arztrechnungen über einen Verband an die Kasse gehen? Das ist unnötige Doppelarbeit. Ärzte sind die einzige Berufsgruppe, die nicht direkt mit dem Zahlungspflichtigen abrechnet! Den Patienten sollte eine Ausfertigung der Monats- bzw. Quartalsabrechnung übergeben werden. Dann wird es für schwarze Schafe schwerer, mit kriminellen Machenschaften die Ärzteschaft in Verruf zu bringen, und die Versicherten werden sicher auch kostenbewusster.

Auch bei den gesetzlichen Kassen ist die Forderung von Willi Brandt nach „mehr Demokratie wagen" vonnöten. So wird die Regierung die Mindestleistungen dieser Kassen festlegen müssen; allerdings trägt dabei der Versicherte die durch unfallträchtige Sportarten, Schönheitsoperationen und Abtreibung entstehenden Kosten, und nicht die Kassen. Bei Abtreibungen, die nicht medizinisch erforderlich sind, sollten alle Kosten – auch für daraus entstehende psychische Erkrankung der Mutter – nach dem Verursacherprinzip vom Vater getragen werden. Die Mutter trägt dabei schon das Gesundheitsrisiko. Damit könnte wenigsten teilweise die Abtreibung einer leichtfertigen Schwangerschaft vermieden werden.

Die jetzige Pflegeversicherung sollte abgeschafft werden und in der Krankenversicherung aufgehen, weil sich der Pflegebedarf aus Krankheiten ergibt, wobei mit steigendem Alter die Krankheitsanfälligkeit naturgemäß größer wird. Die Kosten für die Pflegeversicherung sollten aus Gründen der Solidarität innerhalb einer

Generation, aus der ja die Vermögen entstanden sind, von der Erbschaftssteuer bezahlt werden. In einer demokratischen Verfassung (Satzung) müssen die Versicherten jeder Kasse selbst festlegen, welche weitergehenden Leistungen die gesetzlichen Kassen für ihre Mitglieder letztendlich erbringen, dabei könnten Ärzte beratend hinzugezogen werden.

Die Aufsichtsgremien müssen von den Versicherten aus den Mitgliedern der jeweiligen Kasse gewählt werden. Vertreter von Verbänden und Gewerkschaften dürfen nicht in diese Gremien einfach entsandt werden. Wie für die Kapitalgesellschaften vorgeschlagen, müssen die Rechte und Pflichten für die Vorstände und Aufsichtsräte in der Satzung festgeschrieben werden. Weil die gesetzlichen Krankenkassen öffentlich-rechtliche Kassen sind, sollte die Bezahlung der Vorstände wie bei vergleichbaren Beamten sein. Für die Verwaltungskosten können die statistischen Ämter Richtwerte erarbeiten; damit kann der Anreiz für eine Prämienzahlung bei der Unterschreitung dieser Richtwerte geschaffen werden. Weil diese Kassen gesetzlich sind, muss der Staat die Oberaufsicht haben.

Renten in der solidarischen Demokratie

Die jetzige Rentnergeneration hat in ihrem Arbeitsleben Zwangs-beiträge in die gesetzlichen Rentenkassen gezahlt. Es wurde ihnen zugesichert, dass sie eine Rente von 70 Prozent des letzten Netto-lohnes (ursprünglich Bruttolohn) bekommen sollten. Jetzt wurde und wird diese Zusage mit dauernden Kürzungen unterlaufen. Wie würde man das wohl zivilrechtlich nennen?

Um zu vermeiden, dass die Bestrebungen, das Renteneintritts-alter zu erhöhen, zu einer Rentenkürzung verkommen, muss berücksichtigt werden, dass die Menschen in den verschiedenen Berufsfeldern unterschiedlich schnell verbraucht sind. Den Ren-tenausgleich könnten die Berufsgenossenschaften zu den gleichen Bedingungen übernehmen wie jetzt das Arbeitsunfallrisiko. Der Rentenausgleich durch die Berufsgenossenschaften wird auch zu einer Arbeitsplatzgestaltung beitragen, die zu weniger Verschleiß der Arbeitskräfte führt. Aus der Solidaritätssteuer muss jeder Ein-wohner, dessen Einkommen rentenversicherungspflichtig ist, nach Antrag den Anspruch auf eine Grundrente haben.

Diese Grundrente sollte immer dem Mindestbedarf entspre-chen – der könnte sowieso aus der solidarischen Hilfe für den Lebensunterhalt beansprucht werden. Zusätzlich ist eine vom Lebensalter abhängige Pflichtversicherung zur Rentensteigerung erforderlich. Eine Staffelung könnte so vorgenommen werden, dass für jedes Lebensjahrzehnt mindestens ein Prozent des Ein-kommens für die Rente eingezahlt wird. Das wären bei Sechzig-jährigen 6 Prozent. Damit würden junge Leute für ihren größeren Konsumbedarf über mehr Geld verfügen. Personen, die Arbei-ten wie Kinderbetreuung oder Krankenpflege in der Familie oder sonstige ehrenamtliche Tätigkeiten verrichten, muss nach einem fiktiven Lohn eine Rentensteigerung angerechnet werden. Eine dynamische Anpassung der Rente an den Lebensstandard kann durch den Veränderungsfaktor, der jährlich von den statistischen Ämtern für den Mindestbedarf ermittelt wird, erreicht werden.

Alle Renten und Pensionen können dann leicht darauf umgestellt werden und mindestens in Höhe der durch die bisherigen Beiträge erreichten Ansprüche erhalten bleiben. Für alle, die erst nach der Umstellung Rentner werden, muss ein Ausgleichsfaktor gebildet werden. Denn es war ihnen ja noch kaum möglich, Steigerungsbeiträge für die Rente zu leisten.

Kinderbetreuung in der solidarischen Demokratie

Mit der Einführung der gesetzlichen Kranken- und Rentenversicherung hat Bismarck auch dafür gesorgt, dass man der Industrie Frauen als billige Arbeitskräfte zuführte. Damit wurde gleichzeitig für Frauen ein Anreiz geschaffen, lieber einen Anspruch auf die eigene Rente zu erwerben, als mühevoll, unter Entbehrungen – die auch im Alter bleiben – Kinder großzuziehen. Seit der Zeit scheint es für Frauen dumm, Mutter zu werden. Diese Haltung wird besonders deutlich, wenn man beispielsweise von der „Nur-Hausfrau" spricht. Darin zeigt sich, dass aus politischen Handlungen erst nach Jahren oder gar Jahrzehnten die Auswirkungen für den Staat deutlich sichtbar werden. In diesem Falle ist es die Bevölkerungsentwicklung.

Um dem Bevölkerungsschwund entgegenzuwirken, wurde das Kindergeld eingeführt. Die Löhne sind so weit gedrückt, dass besonders Alleinerziehende mit ihren Kindern in die Armut geführt werden. Um den Eltern die Zukunftsangst für sich und ihre Kinder zu nehmen, ist es erforderlich, dass der Bedarf für das Kindergeld jährlich von den statistischen Ämtern errechnet wird. Dadurch wird das Kindergeld ohne Parteiideologie ständig an den Lebensstandard des Landes angepasst.

Die Entwicklung, dass höher gebildete Frauen weniger Kinder haben, ist ja verständlich. Denn wer Karriere machen will, muss im Unternehmen präsent sein. In diesem Zusammenhang sind Bestrebungen, Kindern bis zu drei Jahren Betreuungsplätze zu schaffen, deren Öffnungszeiten den Arbeitsrhythmen der Eltern angepasst sind, sehr zu begrüßen. Allerdings ist es eine grobe Fehleinschätzung, anzunehmen, dass Intelligenz überwiegend vererbt wird. Von dieser Annahme kann nur ausgegangen werden, wenn Untersuchungen mit Kindern, die noch nicht von Umwelteinflüssen geprägt sind, Derartiges bestätigen. Bis dahin muss die statistische Normalverteilung als zutreffend angesehen werden. Das bedeutet: Alle Kinder bilden ein Intelligenzpotenzial, das der Staat nicht

<u>vergeuden darf.</u> Darum ist das kürzlich neu geschaffene Elterngeld in einem „Solidarstaat mit Eigenverantwortung" falsch. Die jetzige Praxis, dass besser verdienende Mütter ein „Elterngeld" bis zum Sechsfachen dessen bekommen, was gering verdienende Mütter erhalten, hat nichts mit Solidarität und Eigenverantwortung zu tun.

Kinder sind in den ersten Lebensjahren besonders wissensdurstig und lernbegierig. In dieser Zeit muss ihnen bereits vom Elternhaus der respektvolle Umgang mit anderen Menschen und allen Lebewesen vermittelt werden. In den Betreuungsstätten – Kindergarten und Krippen – müssen spielerisch musische, kreative und manuelle Talente und soziales Verhalten von entsprechend gebildeten Betreuern (oder auch Eltern) geweckt werden. Vielleicht gelingt es auch darüber hinaus, die Lust am Lernen dauerhaft zu wecken. Da Europa vielsprachig ist, sollten die Kinder schon vor der Schulzeit eine Fremdsprache spielerisch verstehen und sprechen lernen. Um auf regionale Unterschiede Rücksicht zu nehmen, wird es richtig sein, wenn gemeinsam mit den Eltern die zu lernende Sprache demokratisch festgelegt wird.

Es wird klug sein, wie bei der Schulpflicht, eine Kindergartenpflicht ab dem dritten Lebensjahr einzuführen. Einerseits haben nicht alle Eltern die Fähigkeit und Möglichkeit, schlummernde Talente ihrer Kinder zu wecken; andererseits kann Deutschland – als rohstoffarmes Land – es sich nicht leisten, auf die Ressourcen aus diesen Talenten zu verzichten. Die Politik darf den Kindergärten und -krippen nur in kurzen Sätzen die Ziele vorgeben, auf der anderen Seite muss sie aber die Finanzierung sichern. Die Methoden, nach denen diese Ziele erreicht werden, sollte der Kindergarten gemeinsam mit den Eltern aus der Vielzahl der Ideen selbst festlegen. So können sich die besten Methoden dann ohne Parteiideologie von selbst durchsetzen.

In einem „Solidarstaat mit Eigenverantwortung" muss das Betreuungsgeld bis zum dritten Lebensjahr so sein, dass Mütter mit niedrigem Einkommen den vollen Satz erhalten. Dieser Satz sollte dann bis zu einem Einkommen, das der Rentenpflichtversicherungsgrenze entspricht, degressiv gestaffelt, als ein Mindestsatz ausgezahlt werden. Um zu vermeiden, dass Kinder schon bei der Betreuung und in der Schule sozial ausgegrenzt werden, muss das dortige gemeinschaftliche Essen in den Kosten enthalten sein und alle Kinder daran teilnehmen. Für das Kindergeld sollte die gleiche degressive Staffelung Gültigkeit besitzen.

Mütter brauchen mehr Rechte und solidarische Hilfe – besonders wenn sie Alleinerziehende sind. Heute können Väter sich parasitär ihren Unterhaltspflichten entziehen, während die Mütter sich selbst überlassen bleiben. Für Unterhaltspflichtige darf es keine Pfändungsgrenze geben. Nach spätestens zweimaligem Zahlungsverzug müssen Mütter das Recht haben, ihre Unterhaltsansprüche an den Staat abzutreten. Dieser muss dann für die gesamte Dauer der Unterhaltsberechtigung in Vorleistung treten. Denn der solidarische Staat hat weit mehr Möglichkeiten, den Unterhalt einzutreiben, als die Mütter – spätestens bei der Rente aus dem solidarischen Staat. Die dann durch den Zahlungsverzug des Unterhaltspflichtigen entstehenden Verwaltungskosten haben die Zahlungspflichtigen zu tragen. Dieser Unterhaltsanspruch sollte mindestens bis zum Ende des vierten Schuljahres auch für Mütter bestehen.

Um auch Väter vor Missbrauch durch Mütter zu schützen, sollte bei Ehescheidungen und Trennungen das Verschuldungsprinzip nochmals geprüft werden. Wer eine Scheidung oder Trennung durch ehewidriges Verhalten herbeiführt, kann keine Unterhaltsleistungen vom anderen fordern, sondern muss zu Unterhaltszahlungen herangezogen werden. Bei allen Vaterschaftsstreitigkeiten muss das Jugendamt – zur Entlastung der Gerichte – die Klärung durch Gentests herbeiführen. Wer fälschlich eine Vaterschaft behauptet oder bestreitet, hat die Kosten zu tragen.

Bildung und Ausbildung in der solidarischen Demokratie

Bildung und Ausbildung der Jugend sollte als eine Investition der aktiven Generation in die eigene Altersversorgung gesehen werden. Jugendlichen muss von der Gesellschaft die Möglichkeit gegeben werden, zu zeigen, was sie können; dann bekommen sie auch mehr Vertrauen in die Zukunft und begehen weniger Straftaten. Sie brauchen mehr Chancen und nicht mehr Strafen! Nur eine gut ausgebildete Jugend kann im Wettbewerb zwischen den Staaten das Alter ihrer Eltern gut sichern. Die jetzt gängige Vorstellung, dass nur eine private Kapitalversicherung vor Altersarmut schützt, ist reines Wunschdenken. Schon bei relativ schwachen Börseneinbrüchen muss mit dem Verlust der privaten Rente gerechnet werden, wenn der Staat die Versicherungen nicht mit Steuergeschenken stützt.

Allerdings muss sich die Gesellschaft auch vor parasitärem Verhalten schützen und Leistung einfordern. Wie in der gewerblichen Wirtschaft sollten Regelzeiten für die Ausbildung festgelegt werden. Wie dort sollte auch innerhalb dieser Zeit das Bildungs- bzw. Ausbildungsziel erreicht werden. Da es viele Kinder gibt, die erst später in ihrer Entwicklung durchstarten, wird es erforderlich sein, zu prüfen, ob es weiterhin tragbar ist, die Bildungswege schon nach der vierten Grundschulklasse zu verzweigen. Wichtig erscheint auch, dass nicht nur für die Arbeitswelt unterrichtet, sondern auch die persönliche Lebenswelt in den Unterricht einbezogen wird. Ein gutes Beispiel wird bereits in Nordrhein-Westfalen mit dem Projekt „Money & Kids" in der Grundschule praktiziert. Warum es jedoch einen englischen Titel haben muss, anstatt „Geld und Kinder" zu heißen, ist fragwürdig.

In der Bildung sollte auch mehr Demokratie gewagt werden. So braucht die Schule einen eigenständigen Handlungsfreiraum, und die Politik darf nur einfordern, dass die Ziele erreicht werden, aber nicht auch noch die Wege vorschreiben – das wissen Pädagogen sicher besser. Dazu gehört, dass die Schulleitung selbst das Lehrerkollegium einstellt und entlässt sowie die Finanzmittel selbst verwaltet und einsetzt. Die Schule sollte unter Hinzuziehung der Elternschaft den Schuleiter und diejenige Lehrmethode für die eigene Schule auswählen, die als die beste angesehen wird. Auch hier sorgt der Wettbewerb dafür, dass sich die besten Methoden durchsetzen.

Es ist sehr zu begrüßen, dass sich immer mehr Prominente für eine Verbesserung der Unterrichtsysteme einsetzen. Allerdings sollte das nicht in die Gründung privater Schulen ausarten. Ein Einsatz für die Verbesserung der staatlichen Schulen würde mehr solidarisches Verhalten zeigen als die Absonderung zu elitären Privatschulen. Staatliche Subventionen für Privatschulen dürfen grundsätzlich nicht sein. Auch nicht für staatlich anerkannte Privatschulen. Denn damit macht der Staat deutlich, dass er selbst sein Schulsystem für unzureichend hält. Wenn Politiker davon reden, dass private Schulen wichtig sind, um die Schulentwicklung voranzubringen, ist das ein Indiz dafür, dass es wichtig ist, mehr Demokratie in die Schulen zu bringen und die Bevormundung durch die Politik aufzugeben. Dass beim derzeitigen staatlichen Schulsystem etwas nicht stimmen kann, ist daran zu erkennen, dass immer mehr Nachhilfe-Unternehmen entstehen.

Bei den höheren Schulen muss das Abitur in einer vorgegebenen Zeit erreicht werden; danach sollte ein spürbares Schulgeld fällig werden.

Studiengebühren sind nur sinnvoll, wenn sie direkt an die Hochschule gehen und dort eigenverantwortlich eingesetzt werden. Wie soll eine Hochschule gut arbeiten und forschen, wenn erforderliche Geräte erst bei einer vorgesetzten Behörde beantragt und möglicherweise von dortigen Beamten – weil der Etat ausgeschöpft ist – abgelehnt werden? Eine gute Hochschulförderung wären beispielsweise regierungsseitige Ausschreibungen von Wettbewerben, die anstehende politische Probleme zum Thema haben. Die Hochschulen können sich dann in der Öffentlichkeit einen guten Ruf erwerben und zusätzliche Mittel verdienen. Die Studenten werden in der Regel unvorbelastet und kreativ mit neuen Ideen an die Probleme herangehen. Wenn diese Vorschläge dann in der Regierung und im Parlament bewertet und ausgestritten werden, ist die Politik für das Volk wieder wichtig und der Demokratie wird zu neuer Glaubwürdigkeit verholfen. Gleichzeitig kann damit der Lobbyismus, der sicher schädlich für die Gesellschaft ist, eingedämmt werden.

Das dürfte besser sein, als dauernd Kommissionen zu beschäftigen, zumal diese häufig Ergebnisse bringen, die für die Wirtschaft, aber gegen die Menschen gerichtet sind. Man bekommt oft den Eindruck, dass, wie bei einem 4-jährigen Kind, das Pflaster bei einer blutenden Kopfverletzung dorthin geklebt wird, wo das Blut unter den Haaren hervortritt – na ja, nach der Quelle des Problems kann es eben noch nicht forschen.

Für Studenten wird es sinnvoll sein, der Regelstudiendauer ein Orientierungsjahr vorzuschalten. Studenten benötigen den Mindestbedarf für den Lebensunterhalt, damit sie sich unabhängig von der Wirtschaftskraft ihrer Familie voll auf das Studium konzentrieren können. Das ist ein wichtiges Interesse der ganzen Gesellschaft.

Für Studenten und Fachschüler sollte die Hilfe zum Lebensunterhalt sowie für die Studiengebühren dem Familieneinkommen entsprechend degressiv gestaffelt sein. Um festzustellen, ob die Familie die Studienkosten tragen kann, sollte ähnlich wie jetzt bei Langzeitarbeitslosen verfahren werden. Es muss darauf geachtet werden, dass trotz der Studienbelastung erheblich mehr als der Mindestbedarf für die Familie verfügbar bleibt. Der Teil der Studiengebühren, der dann von der Gesellschaft vorgestreckt wird, kann vom Studenten durch gute Leistungen verdient werden. Bei mittlerer Leistung beispielsweise wird die Hälfte durch den Studenten verdient, während der Rest von der Gesellschaft zu tragen ist. Bei guten Abschlüssen des Studenten würden die vorgestreckten Studiengebühren ganz erlassen. Dadurch wird das Studium von der Wirtschaftskraft der Eltern unabhängig und ist bei entsprechender Leistung allen Schichten offen. Unter diesen Voraussetzungen kann jeder Hochschulabsolvent durch Fleiß und Talent ohne Schulden in den Beruf gehen.

Es ist auch das Interesse der gesamten Gesellschaft, dass durch die gewerbliche Ausbildung gute Facharbeiter verfügbar sind. Darum wird es richtig sein, den Betrieben, die Nachwuchs ausbilden, Unterstützung zu gewähren. Im ersten Ausbildungsjahr, wo die Ausbildung überwiegend Kosten verursacht, sollte die Ausbildung mit 50 Prozent vom Ausbildungsgeld bezuschusst werden. Im zweiten Jahr sollte dann noch ein 25-prozentiger Zuschuss gegeben werden. Falsch wäre es, Betriebe wegen unterlassener Ausbildung zu bestrafen.

Erbschaft in der solidarischen Demokratie

In einem solidarischen Staat muss folgender Grundsatz gültig sein: Jeder soll entsprechend seinen Fähigkeiten für die Gesellschaft etwas leisten. Danach ergibt sich, dass bei einer Erbschaft zunächst der Gesellschaft zurückgegeben wird, was aus dieser Volkswirtschaft erworben wurde. Allerdings muss das biologische Interesse berücksichtigt werden, seinen Hinterbliebenen ein gutes Auskommen und den Kindern einen guten Start durch bestmögliche Ausbildung zu sichern. Bei Schenkungen besteht dieser biologische Grund nicht. Darum muss eine Schenkungssteuer erheblich höher ausfallen als die Erbschaftssteuer.

Leider gibt es Eigentümer großer Vermögen, die behaupten, sie würden durch die Erbschaftssteuer enteignet und beraubt. Dieselben Leute kassieren aber ohne Skrupel millionenschwere Subventionen von dem Staate, dem sie nichts zurückgeben wollen. Ihnen sollte aber bewusst werden, dass trotz ihres persönlichen Geschicks – besonders bei der Erlangung von Subventionen – Vermögen nur aus der Volkswirtschaft erworben werden kann. Häufig setzen diese Leute sich selbstherrlich über Gesetze hinweg und nehmen die – zum Teil lächerlichen – Sanktionen in Kauf. Das darf sich der Staat aber nicht gefallen lassen und neben der Strafe die widerrechtlich geschaffene Situation grundsätzlich auf Kosten des Verursachers wieder rückgängig machen. Nur so sind solche Leute an ihre Pflichten gegenüber der Allgemeinheit zu erinnern. Jene Leute, die sich weigern, der Gesellschaft etwas zurückzugeben, und lieber in ein anderes Land gehen, sollten auch so konsequent sein und ihre deutsche Staatsbürgerschaft abgeben.

Integration in der solidarischen Demokratie

Die zugewanderten Menschen können nur dann integriert werden, wenn wir es nicht dulden, dass sich diese im Getto konzentrieren. Es wird klüger sein, sie entsprechend ihrem Bildungsstand und dem prozentualen Bevölkerungsanteil auf die Wohngebiete zu verteilen. Damit ist gemeint, dass nicht ganze Straßenzüge oder Häuser nur von Einwanderern bewohnt werden, sondern sich in jedem Mietshaus der prozentuale Anteil widerspiegelt. So können sich die Menschen mit ihren Lebensgewohnheiten besser kennenlernen. Auch die Kinder treffen schon im Kindergarten aufeinander, sodass die Einwandererkinder mit der deutschen Sprache und unseren Sitten vertraut gemacht werden. In den Schulen wird es dann auch keine Klassen mehr geben, wo deutsche Kinder die Minderheit bilden. Dafür ist es erforderlich, dass wir alle, Vermieter und Mieter, sich unter Einbeziehung der zugewanderten Menschen daran beteiligen.

Unser Anspruch an die Migranten muss aber auch sein, dass sie bereit sind, die deutsche Sprache zu lernen und sich mit unseren Sitten vertraut zu machen. So sollten wir verlangen, dass Menschen, die dauerhaft in Deutschland leben wollen, in einer angemessenen Zeit, zum Beispiel innerhalb von drei Jahren, unsere Sprache sprechen. Wer sich nicht darum bemüht, zeigt damit, das er gar nicht bereit ist sich zu integrieren und sollte darum kein Bleiberecht bekommen.

Die Kosten der Integration dürfen nicht nur die deutschen Staatsbürger belasten. Solidarisch müssen deutsche Staatsbürger und solche, die keine deutsche Staatsbürgerschaft haben, diese Kosten je zur Hälfte tragen. Das bedingt aber, dass es hier keine doppelte Staatsbürgerschaft geben darf. Wer dann als Ausländer hier Einkommen erzielt, muss neben der Solidaritätssteuer eine aus den Integrationskosten gebildete Integrationsabgabe leisten.

Verkehr und Netze

Alle Verkehrs-, Nachrichten- Versorgungs- und Entsorgungsnetze sollten nicht dem spekulativen Gewinnstreben ausgesetzt sein, sondern durch den Staat zum Nutzen des ganzen Volkes als gemeinnützige Gesellschaften betrieben werden.

In der Zeitschrift „PM" wird dargelegt, dass ein schwerer LKW allein so viel Schaden an den Straßen anrichtet, wie 10 000 PKW. Daraus ergibt sich, dass die Gebühr für die Straßenbenutzung in Relation zur Belastung gestaffelt werden muss. Steigt durch die Verdoppelung des Fahrzeuggewichtes der Straßenverschleiß auf das Sechzehnfache, müssen Verfahren entwickelt werden, wonach schwere Transporte von der Straße auf die Schiene oder die Wasserwege verlagert werden. Um den Flächenverbrauch durch die Verkehrswege zu minimieren, wird es erforderlich sein, die Trassen der Magnetschwebebahn über die Autobahnen zu bauen. In diesem Zusammenhang können als Hochschulförderung Wettbewerbe von der Regierung ausgeschrieben werden.

Unsinnige Transporte, insbesondere jene lebender Tiere, die wegen der Subventionen kreuz und quer durch das Land gehen, belasten die Verkehrswege zusätzlich. Derartig unsinnige Transporte müssen wesentlich höher besteuert werden.

Schlussbemerkung

Mit diesem Buch soll aufgezeigt werden, dass die Demokratie und die damit einhergehenden Wirtschafts- und Sozialsysteme nicht weiterhin in immer kürzeren Intervallen repariert werden dürfen. Diese Reparaturen werden andauernd mit Rückgriffen auf solche Methoden vollbracht, die sich schon lange als unwirksam oder falsch erwiesen haben und nicht der Demokratie entsprechen. Es muss eine evolutionäre Weiterentwicklung zu mehr Solidarität geben.
Politiker, die diese Evolution voranbringen, brauchen Größe und sehr viel Mut. Es ist darum schwer, zu erwarten, dass diese Entwicklung nur von dort ausgeht. Notfalls werden wir Wähler diese Weiterentwicklung mit friedlichen Demonstrationen und unserem Wahlverhalten massiv einfordern müssen. Der bisher sowohl von den Besitzenden als auch von den Besitzlosen praktizierte Klassenkampf kann für uns alle nur schädlich sein – also ist es doch klüger, die Solidarität aller partnerschaftlich voranzutreiben.
Eine große Gefahr für unsere demokratische Freiheit besteht auch darin, wenn es gesetzlich möglich ist, das Militär im Inland einzusetzen. Schon wenn Demonstranten mit Kampfflugzeugen niedrig überflogen werden, ist das eine Einschüchterung, die nicht zulässig sein darf. Wir wissen doch nicht, welche Politiker zukünftig über das Militär verfügen können.
Die Vorstellung, es würde alles besser, wenn man nur alles privatisiert, verdrängt, dass es viele Bereiche gibt, die besser dem privaten Gewinnstreben entzogen werden. So müssen alle Ressourcen, die nicht beliebig herstellbar sind, in öffentlichem Besitz sein. Das gilt besonders für Trinkwasser und alle Bodenschätze. Auch alle Verkehrs-, Ver- und Entsorgungs- sowie Nachrichtennetze gehören in staatlichen Besitz, und die Müllbeseitigung sollte besser von öffentlichen Betrieben erledigt werden, weil damit das Bestreben, möglichst viel Müll zu produzieren, vermieden wird.
Das geeinte Europa wird mit einer derartigen Steuer-, Wirtschafts-

und Sozialpolitik weitestgehend auf Subventionen verzichten können. Friedlicher Handel kann auf Dauer nur von Staaten betrieben
werden, die im Inneren gefestigt sind.

Unser Rechtssystem wird darauf zu prüfen sein, ob das Erfordernis
der Solidarität immer die Grundlage für die Rechtsprechung ist.

Wir, das Wahlvolk, sollten uns bewusst werden, dass wir die Macht
haben, die Volksvertreter und die Regierung – die ja Angestellte
des Volkes sind – auch mit Demonstrationen und unserem Wahlverhalten auf unsere wichtigen Bedürfnisse hinzuweisen und notfalls mit demokratischen Mitteln aus den Ämtern zu entfernen.